Director de la obra:
José Alcina Franch
(Universidad Complutense
de Madrid)

Coordinadora de documentación:
Consuelo Naranjo Orovio
(C.S.I.C.)

Diseño:
Pedro Arjona González

Maqueta:
Carmen Arjona Barbero

© **Ediciones Akal, S.A.** 1992
Los Berrocales del Jarama
Apdo. 400 - Torrejón de Ardoz
Madrid - España
Tels. 656 56 11 - 656 49 11
Depósito Legal: M-23.537-1992
ISBN: 84-7600-748-5 (Obra completa)
ISBN: 84-460-0041-5 (Tomo LII)
Impreso en MUNDOGRAF, S. A.
Ctra. Extremadura, Km. 20,300
Móstoles (Madrid)
Printed in Spain

SOCIOLOGIA   IV

LA ESTRUCTURA SOCIAL

DE LA REGIÓN ANDINA

Victor Maté de Castro

Este libro aborda la estructura social en los cinco países andinos (en rigor integrantes del Grupo andino): Bolivia, Colombia, Ecuador, Perú y Venezuela, desde una doble perspectiva: las características particulares de cada formación socioeconómica específica y los elementos comunes. Todo ello fundamentalmente a raíz de la evolución, a lo largo de este siglo, de sus estructuras sociales.

El análisis tiene en cuenta los elementos centrales de la estructura social y la estratificación social, elementos étnicos, espaciales (o geográficos) y de clase, así como aquellos que más directamente facilitan la comprensión de sus respectivas evoluciones, caso del proceso de urbanización o el desarrollo educativo.

Descripción, análisis y explicación, elementos teóricos y empíricos, convergen en este trabajo para procurar aproximar al lector a la complejidad del mundo andino más allá de la fuerte polarización que cada estructura socioeconómica presenta.

Víctor Maté de Castro, nació en Puerto Madryn, Patagonia Argentina, en 1957. Es politólogo y master en sociología. Ha sido profesor de la Universidad del Salvador (Buenos Aires) e investigador del Instituto de Ciencia Política-INCIP- (Buenos Aires).

En la actualidad trabaja como investigador de la Universidad de Belgrano (Buenos Aires), Profesor del INAP-Universidad de Alcalá de Henares (España), investigador del Instituto para el análisis de Políticas Públicas —IAPP— (Buenos Aires), coordinador de Proyectos del Centro de Investigación y Documentación entre Europa y América Latina (Madrid) y miembro del Instituto Internacional del Desarrollo - ID- (Madrid).

Es autor de diversos artículos y libros sobre diferentes aspectos de la realidad social y económica de américa Latina. Entre los más recientes se puede mencionar: "Sectores informales y participación política en los países andinos" (Madrid, 1989) y "La sociología en América Latina" (Madrid, 1989).

ÍNDICE

Introducción 7

La complejidad de una estructura social 8
    Estratificación social y polarización 9

La tierra como base de la estructura social 11

Diferenciación en la estructura social 17

Ascenso y consolidación de los sectores medios 24

Cambios y diferenciaciones intraclases 32
    Ecuador 34
    Venezuela 35
    Colombia 36
    Perú 37
    Bolivia 39

Conclusión 41

Bibliografía 43

INTRODUCCIÓN

Desarrollaremos en este trabajo las características fundamentales de la "sociedad andina". Si bien, y dado nuestro interés por resaltar la existencia de unos componentes vinculados entre sí, haremos referencia a la "estructura social" (en ningún caso con las connotaciones de modelo "Lévi-Strauss- o estático), de la que priorizaremos sólo algunos de ellos y, en particular, los que se refieren a su estratificación social (básicamente de clases).

Evidentemente se torna particularmente problemático realizar un análisis sociológico global de "lo andino" partiendo de unas fronteras político-nacionales. La estructura social en general, y más aún la estratificación social, se corresponde a formaciones económicosociales particulares, lo que, sumado a las necesidades de una sucinta exposición, nos lleva a identificar y tratar separadamente los cinco países objeto de estudio: Bolivia, Colombia, Ecuador, Perú y Venezuela. Naturalmente no es del todo correcto identificar directamente los países con formaciones económicosociales diferentes, ni tampoco excluir otros (caso de Venezuela), pero razones organizativas y una considerable semejanza entre aquéllos nos conducen a hacerlo.

A su vez, los componentes señalados varían con el transcurso del tiempo, lo que nos permite desarrollar un análisis temporal con algunos cortes que, como siempre, no dejan de tener cierto grado de arbitrariedad. De esta manera, y dada también la existencia de semejanzas en la evolución temporal que presenta cada uno de los países, hemos organizado el trabajo atendiendo a las características particulares-temporales de cada país.

Consideramos este trabajo sólo una aproximación al objeto de estudio. Más aún cuando se cuenta con una considerable limitación de espacio y notables restricciones de información empírica. Bien entendido que en ningún caso consideramos que indicadores socioeconómicos básicos (distribución de ingreso, empleo, etc) permitan captar totalmente los componentes de la estructura social (aportaremos datos socioeconómicos que por tanto corresponden a grupos socioeconómicos pero no a clases sociales), aunque sí nos facilitan una caracterización y siempre ayudan a aproximar al lector a la realidad de los países andinos.

Quiero, por último, agradecer los útiles comentarios de los profesores Marcos Roitman y Carlos Castillo; dejando claro que todos los errores me pertenecen.

LA COMPLEJIDAD
DE UNA ESTRUCTURA SOCIAL

La estructura social andina esta cruzada por diferentes componentes: étnicos, espaciales y de clase. Aunque las relaciones de dominación tiendan a diferenciar grupos coincidentes en aquellos componentes (el propietario, blanco y mestizo, urbano y costeño versus el campesino, indio y mestizo o esclavo negro- bozal o criollo- de la sierra y la plantación costeña), los mismos no resultan asimilables.

Los cinco países considerados aquí presentan una base humana india (la América india y mestiza), pero de ellos la población india es mayoritaria en Bolivia (alrededor del 80% de la población), equivale a la mitad aproximadamente en Perú y Ecuador; mientras que es minoritaria en Colombia y Venezuela. Estos dos últimos países pertenecen fundamentalmente a la "América mulata", de antigua esclavatura negra (Rama, 1976:24) si bien entre 1814 y 1854 se abolirá la esclavitud en los cinco países andinos (Bolivia 1831, Colombia 1814, Ecuador 1851, Perú y Venezuela 1854), lo que favorece naturalmente a los negros, y entre 1811 y 1825 se extinguirán los trabajos forzados de los indios, lo cierto es que el trabajo servil y cuasiservil seguirá existiendo hasta entrado el siglo actual. El trabajo forzado se impondrá incluso en diferentes momentos de la historia de estos países y se descubrirán ceremonias de vasallaje hasta al menos la década del 60. En cualquier caso, lo que interesa destacar es que tanto indios como negros, y también los chinos "importados como manos de obra barata" en Perú, se situarán en los estratos más bajos de la sociedad encontrándose sometidos a una extenuante explotación. Por su parte los mulatos mestizos, a través de su participación en los procesos independentistas, accederán en alguna medida al poder político (caso del Presidente Santa Cruz en Bolivia o el Almirante Padilla en Colombia) y, en algunas ocasiones, al económico (caso de Patiño en Bolivia). Incluso, los mestizos elevados al poder han llegado a restaurar el trabajo forzado de los indios (Perú en 1866 y Bolivia en 1829) (Rama, 1976:29). Pero ello no impide que también estos últimos se sitúen mayoritariamente en la base de la pirámide social y en general como campesinos sin tierra o minifundistas.

En la actualidad, los cambios étnicos tornan una tanto difícil la definición racional de los indios, a la vez que el tema se ha desplazado hacia las formas de percepción, aunque obviamente no reducimos, como hacen algunas corrientes indigenistas, el factor étnico a la situación de clase (indio no es igual a campesino, aunque presenta una correlación muy alta). El problema se relaciona con dos fenómenos un tanto diferentes.

En un sentido, aquéllo deviene de la doble dominación a que está sometido el indio. A la dominación de clase se suma la dominación racial (a más de la geográfica o espacial), teniendo en este sentido las relaciones sociales de dominación un ingrediente étnico-racial. Ello se aprecia, por ejemplo, en la pérdida de la tierra y la desaparición de las comunidades indígenas, de forma clara y directa hasta principios de este siglo (1890 en Colombia, 1920 en Perú o 1938 en Bolivia); mientras que en décadas posteriores, y con el desarrollo de las reformas agrarias, se tenderá (políticas "indigenistas" mediante) a la parcelación y entrega de tierras y a la "nacionalización" del indio (castellanización, integración -absorción- política, etc) (Rojas Aravena, 1982: 48-53). Ello no entraña para el indio sólo un problema socio-económico, la tierra y su inseparabilidad, por mencionar un ejemplo, es un problema clave en su cosmogonía (la tierra es un elemento cultural), por lo que resulta de ello la doble dominación señalada.

En otro sentido resulta que, como bien señala Fuenzalida Volimar, en la cotidianeidad la raza ha perdido su sentido biológico, transformándose en una cuestión de percepción. Puede valer más la posición

Vestimenta típica en los Andes de Bolivia, Ecuador y Perú.

Campesino-indio del altiplano peruano.

socioeconómica que la ascendencia y, en este sentido, incluso ocurre que individuos de conformación europea en determinadas zonas (caso de Cajamarca o Ayacucho en Perú) se autocalifiquen como indios (1971: 8-25).

Por otra parte, los cinco países están atravesados por fuertes disparidades regionales que implican una superposición a la denominación de clase y étnica (serían concentraciones espaciales de dominación). Sin desconocer la existencia de una dominación de clase y étnica en cada espacio específico (gamonal-blanco y mestizo respecto del campesino-indio en el Altiplano peruano o boliviano) existe una dominación social que podríamos denominar de carácter espacial y que se superpone a grandes rasgos a aquéllas dos. Es la de la costa con respecto a la sierra, la de Lima con respecto a la selva y más aún a la sierra, etc. De todas maneras, este hecho, reflejado en la distribución espacial del ingreso, no esconde la denominación de clase y étnica y tampoco niega las relaciones de privilegio en el interior de la clase dominante (a veces también espacial: sierra-costa en Perú o Ecuador, oriente-occidente en Bolivia, etc) o incluso en cada grupo étnico específico (por ejemplo los curacas - cacique indio- resultaban asimilados al estrato terrateniente).

Estratificación social y polarización

Si bien entonces existe una estructura social cruzada por diversos componentes que tienden a presentar algún tipo de coincidencia con la estratificación social (de clases), es esta última la que nos marca más decididamente, desde un punto de vista sociológico, la caracterización de la "sociedad andina".

Como en el resto de América Latina (más aún si se excluye el Cono Sur) la estratificación social andina se caracteriza por su fuerte polarización. Polarización de clase que parcialmente se refleja en el contraste entre cantidad de población y diferencia de renta que presentan los estratos.

Dicha polarización se da lógicamente entre una cúspide donde se sitúa la clase dominante, numéricamente muy débil (expresado en los tópicos no del todo incorrectos de "Las cuarenta familias", "los diez clanes", "Las once manzanas", etc.) y una amplia clase subalterna, subordinada, baja o dominada (conceptos que no distorsionan el universo aunque priorizan determinados contenidos: económicos, políticos, etc). Entre ambas se sitúan unos sectores medios que, aún habiendo crecido a lo largo de este siglo, siguen siendo notablemente reducidos (en torno a un cuarto de la población), al menos si la comparación se establece con las sociedades desarrolladas o del cono Sur de América.

Cada uno de estos tres estratos se encuentra conformado por diferentes segmentos que muestran considerables variaciones a lo largo del tiempo.

Dentro de la clase dominante se identifica una oligarquía agrícola, a veces también minera, (popularmente el "gamonal", la "rosca", etc) que ha ido perdiendo peso con el tiempo en beneficio de una burguesía agroexportadora y una burguesía urbana (industrial, financiera y comercial). A estos segmentos se suman un estamento gerencial extranjero, con importante presencia (radicado), según los períodos, en Bolivia, Perú y Venezuela y que pierde peso desde mediados del presente siglo y otro sector que podemos denominar patriciado y que tuvo un ascenso considerable, como políticos y militares, con posterioridad a la independencia. En algunos trabajos se sitúa a la burguesía imperialista relacionada con estos países, pero sin presencia física en los mismos, como parte de su estructura social. Nosotros no adoptaremos esta perspectiva, pues ello no conducirá a incluir la burguesía exterior de los países andinos como parte de la estructura social de los países dominantes y no consideramos ninguna de las dos cosas totalmente correcta (al menos si aquélla no se reduce a unas relaciones de dominación).

Dentro de las clases subalternas se destaca numéricamente el campesinado (que aún mantiene gran parte de su importancia en Bolivia y en menor medida en Perú y Ecuador), que con el transcurso del tiempo, y básicamente desde fines del siglo pasado, irá dando lugar a la expansión de otro segmento: el proletariado rural. El proletariado minero, mayoritariamente de base campesina, y de otras actividades extractivas (básicamente petroleo) será bastante reducido (siempre menos del 3% en Perú, menos del 10 en Bolivia y aún más estrechado en el caso de los centros petroleros). Por último el proletariado urbano-industrial y de los servicios iniciará su proceso de ampliación a partir de las primeras décadas del siglo actual, aunque tendrá un peso más significativo a partir de la segunda postguerra.

Existe también, como constante en los países andinos, una clase que se suele denominar infrabaja u oprimida (Ribeiro, 1982: 77-89), pero que nosotros consideramos, ya que sirve directa o indirectamente al sector formal y no siempre se encuentra por debajo socio-económicamente de los operarios fabriles o los asalariados rurales, marginados (concepto de contenido más socio-cultural) o informales (subempleados y no siempre desempleados). Este segmento ha ido creciendo considerablemente desde los años 50 (hoy sobrepasa claramente en todos los países andinos el tercio de la población urbana económi-

camente activa), constituyendo un segmento más extendido de lo que lo había sido desde fines del siglo pasado en el sector rural (temporeros en general, recolectores, etc.).

Los sectores o capas medias iniciarán su expansión en las primeras décadas del siglo actual y particularmente en la segunda postguerra, aunque constituyen, y seguirán constituyendo bajo la formación económicosocial que presentan los países andinos, un segmento numéricamente débil. Este estrato, aunque con alguna importancia en el sector rural, es característicamente urbano y aglutina sectores de profesionales liberales (en menor medida técnicos), burocracia, sectores de los empleados y pequeños empresarios, así como grupos proletarizados de la oligarquía.

Naturalmente los estratos y en menor medida los segmentos varían según cada una de las cinco formaciones económicosociales, así como a lo largo del tiempo; variaciones y caracterizaciones que serán materia fundamental de lo que resta del trabajo.

Venta ambulante de jerseys. El sector informal constituye una salida fundamentalmente para la mujer andina.

LA TIERRA COMO BASE
DE LA ESTRUCTURA SOCIAL

En países claramente rurales hasta bien entrado el siglo actual, como son los cinco andinos, es evidente que el eje de la estructura social hay que buscarlo en las formas de explotación y tenencia de la tierra. La forma típica que dominará el panorama andino será la hacienda. Aunque haya surgido varios siglos atrás, a partir de las mercedes de tierras y la encomienda, en éste último caso indirectamente ya que ella no implica en sí misma la aprobación de tierras, nosotros no nos remontaremos para caracterizarla en cada país específicamente más allá del siglo pasado (a partir de las independencias nacionales). En cualquier caso, dicho corte no es sólo arbitrario hacia atrás, también lo es hacia el presente en la medida que a las características aquí señaladas serán válidas hasta hace unas pocas décadas y en algunos aspectos seguirán vigentes aún hoy.

La independencia, si bien implicará cierta movilidad, no hará variar la forma de la estratificación ni de la organización social. Esta última girará en torno a la hacienda y, particularmente desde fines del siglo pasado, también en torno a la plantación, a la costa agroexportadora, mercantilista. Conviven así en la organización social andina un sector moderno y uno arcaico o tradicional que, aunque resulten organizaciones sociales opuestas, se explican y retroalimentan.

El sistema de hacienda implicaba todo un sistema social en el que destacan dos claves antagónicas, los terratenientes y los campesinos. La cima de la estructura social estaba lógicamente ocupada por el terrateniente (en general ausentista). En segundo lugar se encontraba el administrador (y otro personal de privilegio). En tercero una especie de arrendentarios que recibieron muy distintos nombres: vanaconas (caso de Perú y Bolivia), husipungueros (caso de Ecuador), inquilinos, peones, etc., y que de diferentes maneras permanecían atados a las haciendas trabajando gratuita o semigratuitamente en el fundo a

cambio de algunos beneficios (básica y fundamentalmente el usufructo de una parcela). En cuarto lugar estaban los jornaleros estacionales ("afuerinos") que trabajaban en la hacienda en los cortos períodos de mayor necesidad de mano de obra (siembra y cosecha) a cambio de algún salario (superior al que pudiesen recibir los arrendatarios) (Kay, 1980: 25-57).

El pequeños propietario campesino no será un hecho extendido en los países andinos, aunque sí el minifundista, lógicamente como hecho complementario al latifundio (binomio latifundio-minifundio).

En torno a este eje existirá una burguesía exportadora-importadora y una claramente incipiente burguesía industrial volcada básicamente al procesamiento pecuario en Venezuela y al agrícola y minero en Bolivia, Colombia, Ecuador y Perú. Pero mientras que los latifundios no harán más que crecer tras la independencia (en algunos casos se producirán cambios nominativos), la burguesía comercial y manufacturera perderá espacio en beneficio del capital británico y, a partir de la primera postguerra, del norteamericano (De Armas, 1977: 112-122). De esta manera, serán los terratenientes el centro de la clase dominante (junto a la "nobleza virreinal" antes de la independencia y en algunos casos a sus "sucesores de la república", que, por cierto, muchas veces también se transformaban en terratenientes), los que, con sus formas de explotación típicas (Hacienda y plantación) y con evoluciones diferentes para cada caso nacional, se mantendrán hasta bien entrado el siglo actual. Incluso, aunque sin las formas de explotación señaladas, el terrateniente seguirá siendo rico y poderoso en la actualidad en los casos de Ecuador y Colombia.

Junto a los campesinos se extenderá a partir de la última mitad del siglo pasado un proletariado agrícola, mientras que no será hasta el siglo actual cuando se pueda hablar de un proletariado urbano de alguna representatividad. Los mineros serán numéricamente débiles hasta la actualidad, aunque en países como Perú y sobre todo Bolivia hayan alcanzado un peso determinante en las luchas sociales y políticas.

En esta estructura fuertemente polarizada, los sectores medios, ligados a la Administración Pública, los ejércitos y algunos servicios (el sector de pequeños manufactureros más bien irá perdiendo importancia con el correr del siglo pasado), también resultarán embrionarios hasta al menos las primeras décadas del siglo actual.

La estratificación señalada tendrá un caracter rígido, con rasgos claramente estamentales que se mantendrán en parte tras la independencia. Como hemos señalado anteriormente, la estratificación implicaba también elementos étnicos. El segmento de los propietarios terratenientes, así como de la nobleza virreinal española y algunos funcionarios de alto nivel, se conformaba básicamente por blancos españoles o criollos. Los sectores medios (urbanos ligados a los servicios y el sector

público) también se componían de blancos (españoles o criollos) y mestizos; mientras que en los estratos más bajos tenían un predominio absoluto los indios, negros y mestizos. La independencia implicará una cierta movilidad social, pero no variará la estructura social ni las relaciones sociales de dominación, donde incluso no se rompen las formas serviles de la sociedad colonial.

En el caso de **Ecuador** el eje de la conformación social, al menos desde su independencia política y en gran medida desde fines del siglo XVI cuando entra en crisis el "taller de Hispanoamérica", está ligado a la producción agrícola (genera más del 90% de la exportaciones en el siglo pasado) y la propiedad de la tierra. La forma típica de explotación, que como hemos dicho constituye una verdadero sistema social, es la hacienda, que se había ido formando durante la colonia, consolidándose a fines de la misma y que se mantendrá prácticamente intacta en la sierra hasta medidos del siglo actual. Ello implicaba la inexistencia de trabajadores libres y la existencia de for-

Indios colorados de Ecuador.

mas semiserviles expresadas en el concertaje. Por medio de estas formas heredadas de la colonia, por ejemplo huasipungo de la sierra, los campesinos debían trabajar (con toda su familia) gratuita o semigratuitamente en la hacienda a cambio del usufructo de alguna parcela y algún otro servicio (por ejemplo agua y leña).

A pesar de que hasta principios del siglo actual la sierra va a concentrar en torno al 80% de la población ecuatoriana, ya desde los primeros años de vida independiente del país se empezará a dar una desarrollo considerable de la costa, lo que traía un antagonismo implícito con la sierra. Agrícola-exportadora la primera, favorecida por el libre comercio, frente a una sierra aislada (cerrada), agrícola cerealera y textil. Ya en los años 40 del siglo pasado, la economía agroexportadora de la costa va a cobrar impulso, consolidándose definitivamente con el auge del cacao desde la década del 70. Sin una mano de obra indígena abundante susceptible de someter a condiciones serviles o cuasi serviles, la oligarquía agroexportadora de la costa irá rápidamente hacia una economía asalariada atrayendo mano de obra de la sierra y sentado las pilares para el crecimiento urbano. Esta forma de "desarrollo" económico, ligado a las plantaciones, dará también origen a una burguesía financiera y comercial y, junto a los trabajadores agrícolas, a un incipiente proletariado urbano, o subproletariado, ligado a las actividades de servicios (portuaria fundamentalmente) de Guayaquil (Cueva, 1974: 10-11).

En cualquier caso la fracción costeña de la burguesía ecuatoriana no conseguira modificar la conformación que presentaba la estructura social del país. Conformación que incluso no se modificará con la "Revolución Liberal" (1895) y los gobiernos siguientes, aunque éstos implicaban el control del Estado por la burguesía mercantil costeña. Lo cual era lógico si se tiene en cuenta que la diferencia de intereses entre conservadores y liberales, latifundistas serranos y comerciantes costeños (Guayaquil), se dirimía en torno al problema religioso y de las libertades formales más que en relación con la propiedad de la tierra y las estructuras lati-

fundistas (Hurtado, 1978, 168-169).La oligarquía serrana fue desplazada del poder formal pero no se destruye su base social de poder, aunque haya sido parcialmente afectado el altifundio de una iglesia (Ley de manos muertas) aliada del conservadurismo serrano. La burguesía mercantil de la costa no logró (tampoco lo intentó) integrar a los campesinos serranos en asalariados incorporados al mercado.

En sentido similar, la gran propiedad donde domina el "Gamonal" será la característica histórica de la sierra y el interior de Perú. En la misma, aquél se aprovecha del trabajo servil o cuasi servil (en algunos casos con salarios que no son siquiera de subsistencia) del campesino indígena que trabaja ciertos días a la semana a cambio del usufructo de alguna parcela. Este "gamonalismo" no será sólo un hecho socioeconómico, implicará toda una jerarquización y organización política. Sin embargo, la hacienda de la sierra peruana no irradiará el mismo poder que en el caso ecuatoriano, el gamonal (cacique) tendrá un poder local, casi feudatario. Si durante la colonia los señores de la tierra ocupan un segundo lugar frente a mineros, financistas y comerciantes (además de la burocracia), durante la república serán desposeídos o limitados en sus privilegios de usufructo y en gran medida se dará un cambio de manos, caracterizándose el gamonal andino postindependencia por su perfil aventurero y su baja estratificación originaria.

La independencia también significará en Perú, ante la eliminación de la burocrácia colonial y la neutralización de los pequeños y criollos defensores de los realistas, un espacio para que estos últimos y algunos grupos intermedios ascendieran en la escala social, en muchos casos gracias a las actividades políticas y militares (funcionarios militares y "plumíferos") (Cotler, 1978: 72-73).

Sin embargo, la suerte que corren los estratos más bajos tras la independencia no será la misma. A pesar de todas las medidas tendentes a abolir la esclavitud desde 1821 (también el tributo, la encomienda y la mita, y en 1824 otras prestaciones obligatorias) hasta la revolución liberal de Castilla (1846-51), cuando aquélla se suprime definitivamente, al menos las condiciones serviles para descendientes de esclavos e indios se mantendrán hasta bien entrado el siglo actual. La oligarquía tradicional y los nuevos grupos en ascenso, que accedían a la propiedad de la tierra (por ejemplo a través del reparto de tierras a quienes prestaron servicios a la causa independentista), no incluían en general a los indios. Se suponía que éstos lo conseguirían con la supresión de las comunidades (1824); pero, dados una serie de artilugios legales, una pautas socioculturales y el empleo de la fuerza por parte de los terratenientes, tal supresión no desembocará, como era el objetivo, en el establecimiento de unos estratos de campesinos medios y la "nacionalización" del indio. Por el contrario sólo facilitará la concentración de la propiedad y el mayor número de campesinos sin tierra arrojados a las haciendas. En definitiva, este tipo de medidas, adoptadas también en otros países andinos, sólo beneficiarán a la oligarquía a la vez que supondrán un ataque frontal a la cultura india. El hecho no resulta en absoluto extraño si tenemos en cuenta los elementos racistas de una oligarquía que considerará al indio ("vago y levantisco") uno de los males básicos de la república; caso incluso de países como Bolivia y Perú de clara base humana india.

Por otra parte, en Perú se dará un proceso similar al que señalamos para el caso de Ecuador en relación con el cacao, aunque más tardío (mediados del Siglo XIX) y ligado a la producción y exportación de guano y en menor medida salitre. Ello dará lugar a la conformación de una fracción burguesa (costeña), con elementos de la aristocracia terrateniente y la burguesía comercial, que desplazará a los terratenientes tradicionales de la sierra sur. A su vez, y dada la necesidad de mano de obra barata que reemplace al esclavo africano (en los años 50 del siglo pasado se habían manumitido más de 20.000) y complemente a la escasa población indígena de la costa, se organizan levantamientos masivos de poblaciones del Pacífico que desembocarán en un importante tráfico de chinos de Macao para trabajar en la costa y que alcanzarían casí 90.000 entre 1850 y 1875 (Favre,

1971:101). Ello en cualquier caso no suplanta el "mercado humano" (en términos de la ideología dominante) que tradicionalmente significará la sierra para la costa.

El desastre peruano en la Guerra del Pacífico (contra Chile) implicará un fuerte impacto sobre la clase dominante. Sectores de terratenientes se verán arruinados (en particular la burguesía ligada a la explotación del guano y el salitre) a la vez que son reemplazados en la élite dominante por sectores comerciales (compuestos por migrantes); transformándose aquéllos, a través de la profesionalización o el ingreso en la Administración Pública, en los grupos superiores de las capas medias.

En rigor, el cambio en la estructura social peruana se dará a fines del siglo XIX. En la sierra central el ingreso del capital extranjero para la explotación minera no-metálica traerá aparejado el gran establecimiento agropecuario y la incorporación al mercado de tierras comunales, lo que implicará una mayor desintegración de las comunidades indias. El otro cambio de importancia se dará en la Costa Norte (al margen del incremento de la producción petrolera en la zona), donde la expansión de la producción de caña de azúcar motivará la concentración de tierras, lo que implicará la desaparición de la aristocracia provinciana (de medianos y pequeños propietarios) y de las comunidades próximas, cuyas tierras se ocupan para el abastecimiento de las plantaciones. A estos grupos se incorporará también, mediante la explotación de la caña y el algodón (este último con un auge más tardío, incluso de principios del siglo actual), la antigua burguesía nativa (Cotler, 1971:95).

La presencia de esta plantación capitalista en la costa (que desplaza la tradicional hacienda de "panllevar") y de la minería en la sierra central implicará tanto la conformación de una nueva burguesía nativa agroexportadora (fuertemente dependiente del capital extranjero como la existencia de una base proletaria de alguna importancia, a la vez que tenderá a hacer desaparecer las reducidas capas medias. Dicha burguesía (de las "cuarenta familias" o los "diez clanes") no sólo

Indios otavalos de Ecuador.

está presente en el agro, el comercio y la minería, también se diferencia de lo que ocurre en Bolivia, tiene una presencia limitada dada la posición claramente dominate del capital extranjero. A su vez,éste también absorberá, ya a fines del siglo pasado, a los pequeños y medianos mineros peruanos.

La independencia política también implicará en Venezuela, tal vez más que en los restantes países andinos, una cierta movilidad social. A la tradicional oligarquia colonial, basada en la hacienda, la plantación, o el comercio con sede en Caracas ("mantuanos"), se sumarán los militares de alto rango que se beneficiaban del cambio de manos del suelo y, fundamentalmente en este caso, de la entrega de tierras baldías. En una sociedad cerrada, que había sido y continuaba siendo en gran medida estamental, estas retribuciones ("haberes militares") implicaron una cierta movilidad social (caso del propio José Antonio Páez, que de "soldado proletario" pasó a "gran terrateniente presidente"), pero no afectarán la estructura social. La independencia no implica cambios de importancia en las relaciones sociales de producción; donde se mantienen las formas de explotación precapitalistas con la existencia de condiciones serviles, semiserviles y de esclavitud. Esta última, aunque no desaparecerá formalmente, hasta 1854, irá perdiendo cierta fuerza durante la República (la esclavitud y el tráfico negrero ligado a las plantaciones estará muy extendido en Venezuela desde siglos anteriores), dados los esclavos negros que huían de las plantaciones por las turbulencias que generaban las guerras de independencia o que eran manumitidos por su papel en las mismas (aunque no fueran retribuidos con tierras como prometieran Páez y Bolivar), así como por una superexplotación que acarreaba su extinción física.

Dicha superexplotación estaba condicionada por la falta de capital que padecían los terratenientes ante la existencia de otra fracción dominante de comerciantes-prestamistas, dependiente del capital extranjero, que aplicaban un interés usurario superior al de las rentas del suelo. De esta manera, la dependencia de la oligarquía

Ciudad de Mérida,
la concentración urbana más
importante de los Andes venezolanos.

terrateniente respecto a la burguesía mercantil será la característica de Venezuela hasta finales del siglo XIX, e implicará un cambio de manos de una parte de los latifundios venezolanos.

En cualquier caso, hasta principios del siglo actual el eje socio-económico de Venezuela estará ligado a la producción, en haciendas y plantaciones, y exportación de café y cacao. Como en los restantes países andinos, con ello se daban formas serviles y cuasi serviles por las que los campesinos (básicamente indios, negros y "pardos") estaban adscritos a la hacienda (con su familia), lo que se mantenía por un endeudamiento de aquéllos que a más de impagable resultaba hereditario. Las modalidades típicas eran el "colonato", la "aparcería" y "medianería", por las cuales el campesino recibía en usufructo una parcela para su trabajo y de la que el terrateniente se apropiaba una parte en la cosecha o directamente de los cultivos cuando lo consideraba oportuno. Estas formas típicas y fundamentales de "cuasi-servidumbre feudal" se completaban con un régimen asalariado (contratación de braceros durante la cosecha) que, por su importancia, no alteraba las características precapitalistas de las relaciones sociales en el agro venezolano.

También en el actual territorio de **Colombia** la independencia va a implicar cierta movilidad en la oligarquía terrateniente, con la desaparición de algunos grupos (españoles) y la aparición u ampliación de otros (criollos y mestizos). Algunas de las antiguas familias coloniales lograrán proyectarse como legítimos herederos, sumándose a aquéllas los grupos que accedían por motivos políticos (papel desempeñado en las guerras de independencia) o que se habían mantenido hasta entonces ligados al comercio.

A pesar de los efectos negativos que produjo a la hacienda las luchas de independencia (por saqueos, embargos, etc) y las políticas agrarias, lo cierto es que ella continuará siendo tras la independencia el eje de la conformación social también en Colombia. Tanto como estructuras heredadas como por su ampliación a partir de medidos del XIX como efecto de la aprobación de tierras baldías (proceso que se intensifica a partir de la demanda del mercado exterior).

En 1851 se establece la liberación definitiva de los negros; lo cual, si bien implica un cambio sustancial de una sociedad estratificada en castas, en la que indios y esclavos devenían en terrajeros y peones, no significó la desaparición de las formas serviles o cuasiserviles (colonato, peonaje y aparcería), las que, a través de las deudas, el control político-ideológico o la coerción abierta (la propias haciendas tenían milicias y cepos para castigo), mantenían al campesino atado (y sojuzgado) a un latifundio constituido como hacienda tradicional. Ello significaba, con las "obligaciones", "colonato", "terrajes", "concierto", "agregaduría", el trabajo de un número de días determinado a cambio de usufructo de una parcela, la entrega de una parte de la cosecha (o venta a precios muy bajos) al terrateniente o sembrar y dejar en producción un área a cambio de una parcela de "pancoger" (Melo, 1987:137).

Si bien ésta es la característica de la Colombia rural hasta el siglo actual, existen otras formas que se mantendrán o extenderán durante el siglo XIX y que en muchos casos se combinan con la anterior. La agricultura de los colonos, fundamentalmente familiar y de subsistencia, aunque con alguna capacidad de generar excedentes para el mercado (probablemente el caso de Caldas) y que incluso tuvo cierta participación en la producción de café junto a los grandes propietarios. Las formas campesinas, ligadas a las altiplanicies de tradición «indígena», que, en ciertos casos, como el de Dauca y Nariño, consiguieron la permanencia de los «resguardos» (comunidades indígenas). Por último, formas asalariadas, que se daban ligadas a economías familiares o de las haciendas durante la cosecha.

Demás está decir que la economía campesina libre era prácticamente insignificante en el caso de economías que no eran de subsistencia. En el caso del café (principal producto agrícola colombiano desde el último cuarto del siglo pasado) apenas significaba un 2,2% en 1880, por lo que, aun sumando algunos grupos de colonos, las capas medias eran casi testimoniales.

Como ocurre con otros países andinos (caso de Ecuador y en parte Perú), la agricultura tabacalera no alcanzó a producir una modernización del agro que afectará sustancial a la sociedad colombiana; mientras que la expansión cafetalera del último cuarto del siglo pasado tampoco implicará un cambio sustancialmente. Más aún, consolidada en torno a los Santanderes, Cundinamarca y en parte Antioquía implicará el robustecimiento de la oligarquía terrateniente y mercantil (controlaba tanto la producción como la comercialización así como el tradicional sistema de la hacienda en el que se asentaba, impidiendo el surgimiento de nuevas relaciones sociales en torno suyo).

Si bien la minería (de metales preciosos) va a ir perdiendo importancia en la conformación socioeconómica de Colombia independiente, tanto por el mayor peso del sector agrícola como por la mayor participación de capital extranjero, que bajo la economía de enclave dejaría poco rastro en el país sí va a favorecer la conformación de un sector asalariado así como, básicamente en el caso de Antioquía, a consolidar una burguesía comercial de perfil empresarial.

La historia social de **Bolivia** durante las primeras décadas de vida republicana, tal vez más que en el caso de Perú, será la historia del sojuzgamiento del campesinado indio por la oligarquía terrateniente, fundamentalemnte del gamonal del Altiplano sobre quechuas y aymaras. Una clave dominante, de contenidos claramene racistas (veía la desaparición del indio como condición para consolidar y desarrollar el país) se irá apropiando de las tierras comunales (lo que implica para el indio no sólo un ataque socioeconómico, sino también cultural) para explotar al campesinado indio en condiciones serviles y semiserviles: pongueaje, mitaje (trabajos gratuitos del campesino y su familia), aljiri, apiri (prestaciones en bienes, por bajos precios o entregas gratuitas) y demás formas de explotación feudataria. A ello se sumaba el mantenimiento durante el siglo pasado, y mediante diferentes formulas, del tributo colonial ("contribución indígena") que debían pagar los indios, así como otras obligaciones y servicios que entregaban al Estado (por ejemplo: prestación vial, que obligaba a trabajar un número de días al año en dicho sector) u a otras instituciones (caso de la Iglesia). La rigidez étnica y de clase que mostrará el altiplano se mantendrá, aunque con cierto debilitamiento a partir de principios de los 50 del siglo actual, mientras que la estructura social en los valles (caso de Cochabamba) resultará más permeable ya desde el siglo pasado, estando en este último caso más desdibujados sistemas como el colonato.

Desde fines del XIX y hasta mediados de los años 60 del presente siglo el núcleo concentrador de la actividad capitalista se articulará en torno a la explotación del estaño, contribuyendo a consolidarse el latifundio y las formas serviles y cuasiserviles "en el basto entorno agrario de la actividad minera" (Grebe López,

1983:92). El minero, de origen indiocampesino, quechua y aymara (Gregorio Iriarte, 1976: 7), se verá sometido a acentuadas condiciones de explotación, similares o aún más rígidas que las de la hacienda.

Dependiendo de los diferentes momentos de auge de la plata, goma estaño o petróleo, las diferenciaciones y conflictos en la clase dominante durante el siglo pasado se confundirán con las tensiones regionales entre los departamentos del Norte y el Sur; las que en este siglo se trasladarán al clivage oriente-Occidente. Lo cual no impide situar claramente en la cúspide de la pirámide social a la "rosca" mineroterrateniente, que se expande hacia el comercio y las finanzas y que se concentra casi como en ningún otro país andino en tres clanes: Patiño (en palabras de Paz Estenssoro el primer millonario de América), Aramayo y Hochschild.

Mina de Potosi. Bolivia.

DIFERENCIACIÓN
EN LA ESTRUCTURA SOCIAL

La estructura social de los países andinos no cambiará sustancialmente en las últimas décadas del siglo pasado, ingresando los cinco países en el siglo actual como países rurales en los que la tierra seguirá siendo el elemento central en la conformación de su estructura social. No obstante, ya en las primeras décadas del siglo se dará cierto proceso de urbanización, de mejora educativa y expansión en la industria y los servicios.

Estos cambios implicarán cierta diferenciación de la estratificación, aunque la estructura social sigue caracterizándose por su fuerte polarización.

Los sectores medios experimentarán cierta ampliación, aunque ésta no resultará tan pronunciada como lo será a partir de la segunda postguerra.

Al proletariado agrícola que se había ido incrementando en torno a la producción agroexportadora se sumará el de los trabajadores en actividades extractivas que experimentaban cierta recuperación (minería) o adquirían por primera vez una considerable importancia (expansión petrolera). Aunque estos sectores, tal vez, como señalan Kerr y Siegel, por sus características de "masa aislada", presentan comportamientos radicalizados (minería en Perú y Bolivia o petróleo en Venezuela) que se traducen en luchas sociopolíticas de gran trascendencia en la vida de dichos países, numéricamente no significan en rigor más que un segmento muy reducido. Cuantitativamente la ampliación obedecerá en gran medida a la expansión en el sector servicios y manufacturero, en definitiva del proletariado urbano. Si bien éste no alcanzaba al 8% de la población económicamente activa andina al empezar el siglo actual, a fines de los años 20 rondaba el 20-21% en Colombia, Ecuador, Perú y Venezuela; mientras que se situaba en torno al 17% en Bolivia. La crisis del 20-30 incidirá en algún sentido a favor de los cambios apuntados, aunque no al nivel que quieren destacar algunos vulgarizadores del desarrollo latinoamericano. En general la crisis afectará a la oligarquía tradicional y a los segmentos agroexportadores (como imporadores y exportadores en general) a la vez que favorecerá, vía una incipiente industrialización, a la burguesía urbana (incluidos sectores de rentistas especulativos y de los servicios).

En la base de la pirámide social será el proletariado agrícola el más afectado; mientras que los campesinos basados en economías de subsistencia no experimentarán los flujos migratorios y el proceso de urbanización. En parte esto expandirá un proletariado de base urbana, y en parte, dada la escasa capacidad de la economía urbana para absorber aquellos contingentes, se instalará un subproletariado y un sector de marginados que, cada vez más, será una característica típica de los cinco países andinos (y de América Latina en general).

En cualquier caso estos hechos deben ser observados a la luz de la dinámica propia de cada formación económicosocial. En este sentido, que países como Bolivia o Perú se puedan haber visto más afectados por la crisis que Venezuela no implica un mayor cambio en la estructura social de aquéllos. Hechos específicos, como es la explosión petrolera en Venezuela, incidirán más sobre la estructura social y su desarrollo posterior que una crisis que, en cierto sentido, tendrá sobre la estructura social efectos coyunturales.

Venezuela va a ingresar en el siglo actual con una mayoritaria población rural (alrededor del 80% a fines del siglo pasado) y con una estructura rural cuyo eje será la producción y exportación de café y, como en el caso de Ecuador, cacao. La actividad industrial será incipiente y estará ligada a la producción de bienes de consumo corriente, por lo que el reducido proletariado urbano estará fundamentalmente ligado a los servicios.

Pero ya en 1917 se iniciar la explotación petrolífera con cierta importancia, la que, a diferencia de lo que ocurre con Ecuador en los 60, generará un excedente exportable de interés aquel mismo año. Este hecho, a pesar de los privilegios que tenían las compañías extranjeras en la explotación del petróleo, permitirá que se produzcan importantes cambios en la estructura social del país.

La oligarquía terrateniente sufrirá una diferenciación interna. Frente a los sectores que veían disminuir su poder (por comportamiento en los mercados internacionales de café) surgía una fracción que, como propietaria de tierras donde se había hecho una concesión, petrolera, recibía unas regalías que le permitía una acumulación mayor, acumulación que en gran medida ya no se destinaba a la agricultura. Parte de la oligarquía terrateniente migraba así a la ciudad para incorporarse a la fracción del comercio y los servicios (en menor medida a la industria), lo que no implicaba la desaparición del latifundio, sino que más bien éste se acentuaba por estar de alguna manera ligado a la estruc-

tura de poder político (Lombardi, 1985: 199-224). La crisis de la oligarquía terrateniente tradicional (afectada de diferentes modos y de forma directa o indirecta por la actividad petrolera) traerá aparejada la crisis de la "hacienda" o "hato".

La antigua burguesía exportadora-importadora se ampliaba y renovaba ligada a la mayor demanda de importaciones y al capital extranjero. En muchos casos se trataba de la burguesía tradicional, pero en otros eran nuevos grupos que surgirán ligados a las actividades importadoras y a la explotación petrolera (así, por ejemplo, a través de la prestación de servicios a las compañías petroleras se irá consolidando un grupo importante de la burguesía local). A este cuadro se agregarán sectores de la pequeña burguesía (a más de una burocracia de sectores medios) que nacían como resultado del impacto fiscal del petroleo y por lo tanto más ligadas al Estado (que adquiría mayor importancia como

Torres petroleras
en el lago de Maracaibo.

motor de la economía) que al capital extranjero.

La nueva situación también empujará a los jornaleros a migrar (más por la crisis de la agricultura que por la atracción que genera el nuevo sector) a las explotaciones petroleras, así como a las ciudades ante la demanda del sector público (infraestructura) y privado, dando lugar a un proletariado urbano con connotaciones de clase más claras. Junto a éste aparecerá, girando en torno a centros petroleros o urbanos, por primera vez en la historia de Venezuela, un sector marginal de subproletarios. Por otra parte, los campesinos minifundistas basados en economías de subsistencia ("conuco") que se encontrasen próximos a los centros petroleros y urbanos se "incorporarán" al mercado.

En definitiva, si antes de la explosión petrolera de las tres primeras décadas del siglo actual, la fracción más importante de la clase dominante estará compuesta por terratenientes tradicionales (0,5% del total de la población), y en menor medida rentistas y burguesía agroexportadora; en la Venezuela petrolera la burguesía ligada al Estado será la fraccción dominante cuantitativamente (0,6%), seguida por la burguesía importadora y financiera (0,4%). En el otro polo los campesinos pobres o sin tierra perderán algún peso (del 82% al 80%), mientras que ascenderá un proletariado no rural, petrolero o no (más del 9%) y se expandirán algo los sectores medios (más de 7%) (Maza Zavala, 1977: 564-567).

La crisis del 29-30 afectará la economía Venezolana hasta 1934 (y en parte hasta al menos 1937), no obstante lo cual ello no traerá aparejados cambios de importancia en la estructura social. La crisis afectará, como ocurre en los demás países andinos, principalmente al sector de la oligarquía terrateniente tradicional y a algunas formas de agricultura moderna que entonces tenían algún peso (ligada a cultivos como el café y en menor medida cacao) y que ya se encontraban en una situación crítica desde principios del siglo. En un país que continuaba siendo mayoritariamente rural serán los campesinos y proletarios agrícolas ligados a aquellos sectores los más afectados; mientras que tendrá escaso efecto sobre las economías campesinas de subsistencia. En la misma medida que caían las exportaciones petroleras, se verán afectadas las fracciones de las clases dominantes ligadas a la exportación, más aun las relacionadas con las importaciones y en menor medidas los grupos financieros.

Estructuralmente, la crisis incidirá a favor de una tímida industrialización que se refleja en el mayor porcentaje que adquieren las inversiones urbanas no petroleras y que fomentara la urbanizacion, la expansión del proletariado urbano, las capas medias y los grupos marginales. Aunque en cualquier caso este será el país andino en el que dichos cambios estarán más ligados a la evolución del sector externo y las políticas estatales y menos a una evolución "necesaria y obligada" del modelo de acumulación hacia adentro, vía industrialización sustitutiva de importaciones.

A principios del siglo actual las relaciones sociales de producción en **Ecuador** todavía mantenían elementos estamentales y seguía existiendo el concertaje (de indios). Los sectores medios en Quito apenas existían y se encontraban ligados a la administración pública y a algunas profesiones liberales.

La crisis económico-financiera de comienzos de los años 20, relacionada con la caída de las exportaciones (en volumen y precios) de cacao (eje dinámico del Ecuador durante la etapa de acumulación hacia afuera) tendrá un impacto considerable en la estructura social del país. La especulativa oligarquía costeña (financiero-comercial) sufrirá un fuerte debilitamento a nivel económico y en la estructura de poder formal. El año 1925 será el punto de corte, con unas capas medias urbanas en expansión que se harán con el gobierno a través del golpe del 9 del julio de aquel año (transformacion "juliana") arrebatándoselo a la burguesía agromercantil costeña, pero que terminarán muy condicionadas por la oligarquía tradicional serrana a la que no en poca medida terminarán beneficiando (Del Campo, 1978: 205).

Por otra parte, dicha crisis implicará la debacle para las masas campesinas. Particularmente para las de la costa, ligadas al sistema de sembraduría, y en menor medida para las de la sierra, con economías básicamente no asalariadas y sistemas de subsistencia. Ello incrementará los flujos migratrios y el proceso de urbanización, e incidirá, a más largo plazo, en el crecimiento de los sectores populares urbanos (incluidas las masas marginadas denominadas "chusmas") y el desarrollo de los sectores medios. Los sectores populares constituirán un proletariado ligado a los servicios (ferrocarril, empresas de energía eléctrica, etc.) y a la incipiente industrialización operada desde la primera guerra mundial. Pese a ser numéricamente reducido, su capacidad organizativa le permitirá adoptar un papel dinámico que acabará temporalmente con la masacre del 15 de noviembre de 1922 y que impulsará la revolucion juliana del 25, la que hablaba incluso en un principio de la "protección del hombre proletario".

La crisis del 29-30 operó en gran medida sobre la estructura social ecuatoriana como lo había hecho la crisis de inicios de los años 20 que hemos analizado. Afectará en primer lugar a la burguesía de la costa y en menor medida a la oligarquía de la sierra, donde incluso (por los efectos proteccionistas) favorecerá las manufacturas textiles; sin que ello llegue a significar un cambio importante en la "clase serrana".

Los sectores medios, tanto de independientes como de personas ligadas a la Administración Pública, estarán entre los más afectados, cayendo en estos momentos el poder de unos sectores que iban experimentando cierto crecimiento. El campesinado correrá igual suerte que en los años 20, incentivándose las migraciones hacia Quito y en mayor medida hacia Guayaquil. Esta última (costeña), obtendrá entre 1929-34 el mayor crecimiento del período 1909-1946 (Cueva, 1977:214-239). A su vez, ninguna de las dos mayores ciudades de Ecuador tendrá capacidad para absorber estos contingentes. Los que en ensancharán ante el impacto que tiene sobre los trabajadores la devaluación y el incremento de precios que se inicia en 1934, constituyendo un "subproletariado" y más amplio sector marginal. Dicho sector marginal pasará a ser una constante de la vida urbana en Ecuador, representando, si aceptamos que buena parte de aquéllos se engloban bajo el indicador de vendedores y trabajadores domésticos, un 30-40%

de la población urbana, aún hasta nuestros días.

A fines del siglo pasado y comienzos del actual, pese al crecimiento de los núcleos comerciales urbanos (caso de Barranquilla -también dinamizado por la producción textil-, Medellín, Bucaramanga, Cartagena o Cali entre otros) la población de Colombia continuaba siendo claramente rural (en 1892 más de los dos tercios de los hombres ocupados estaban dedicados a trabajos agrícolas) (Melo, 1987: 123-125).

En las primeras décadas del siglo se va a producir una importante expansión de la economía cafetera, pero ello no gracias a la oligarquía tradicional y a sus áreas de producción (muy afectadas por la guerra de los mil días con que Colombia abrió el siglo), sino debido a los pequeños productores del Occidente colombiano. La economía campesina libre, en el caso de este grano, alcanzará el 47% e la producción nacional de café, frente al 2% ya señalado por fines del siglo pasado. Ello implicó cierta separación entre la oligarquía cafetera y el comercio (antes en manos de aquélla y a partir de entonces con fuerte presencia de capital extranjero) a la vez que supuso la expansión de unos estratos medios incipientes ligados al agro.

En parte relacionado con dicho proceso, aunque principalmente por los cambios en la economía internacional y en la propia Colombia (políticas estatales, cambios estructurales -mayor movilidad sociolaboral- movimientos de arrendatarios que reclamaban contra las formas precapitalistas y que obtuvieron algún exito en zonas de Cundinamarca y Tolima, etc), la hacienda tradicional pierde peso e incluso entra en crisis definitiva en las tres primeras décadas del siglo actual, aunque aún perdurará varios lustros. Excepto cuando se trataba de las nuevas haciendas ganaderas, caso de la Costa Norte y Antioquía, algo diferentes de las descritas más arriba, o de aquéllas que lograban modernizarse.

La extensión del proletariado en Colombia desde las primeras décadas del siglo y su cada vez mayor organización y sindicalización desde los años 20 (que para el último gobierno liberal, 1943-46, habían alcanzado un total de más de 800 organizaciones sindicales), así como los cambios producidos en la estructura agraria (crecimiento del proletariado rural) van a desembocar en una serie de conflictos, que se extenderán a los enclaves petroleros y bananeros, que la República Liberal pareció en principio iba a combatir con profundas reformas sociales. Sin embargo ello no fue así, y el reformismo de la época no implicó un impacto considerable en la estructura social. Respecto del proletariado urbano, aquél se limitó al desarrollo de la legislación social que desde luego sí erosionó la continuidad de las formas precapitalistas. En el sector rural, la Reforma Agraria de 1936 (Ley 200) sólo favorecerá al 3,2% de los dueños y al 6,5% de los arrendatarios. Si bien ello es un porcentaje reducido, e incluso en muchos casos aquélla favoreció a los grandes propietarios (que sanearon los títulos dudosos de sus tierras), sí tuvo su efecto en los pequeños propietarios cafetaleros, consolidando en alguna medida a las capas medias del sector rural.

Por otra parte, la modernización que se daba en algunas explotaciones ganaderas y cafetaleras se extenderá al sector de la caña de azúcar, o más precisamente a la agricultura que se desarrollaba en la cercanía de las ciudades, lo que da base a un más amplio proletariado rural (anteriormente el asalariado libre estaba ligado básicamente a la cosecha).

Junto a la expansión del proletariado agrícola se da la expansión del proletariado urbano y el surgimiento de una nueva "burguesía nacional". Ello como consecuencia del avance de la industria, fundamentalmente los textiles y las manufacturas de Antioquía; la mayor participación del estado en la economía, fundamentalmente los textiles y las manufacturas de Antioquía; la mayor participación del Estado en la economía, fundamentalmente a través de las obras públicas que llegan a generar trabajo para el 8% de la PEA en 1928 y, en general, del sector terciario, en auge gracias a las indemnizaciones por la independencia de Panamá; el mayor acceso al crédito externo y los mayores ingresos provocados por el auge del comercio exterior, además del obvio proceso de urbanización (aunque hasta fines de los años 30 la población urbana no alcanzará a un tercio de la población total). Mientras, el número de empresas se multiplicó varias

veces los trabajadores por cuenta ajena, alrededor de los años 20, alcanzaron un tercio de la PEA. Estos cambios en el sector urbano no eran consecuencia de las transformación de la manufactura tradicional (tampoco del sector minero o la agricultura de exportación, cuya acumulación de capital, a más de reducida, se perdió en gran medida en las crisis de la segunda mitad del siglo pasado) sino de los sectores ligados a la hacienda, el comercio (buena parte de café) y capitales especulativos (Bejaramo, 1987:189).

Estos cambios también traen implícita alguna expansión en los sectores medios urbanos. Si bien la distribución del ingreso entre mediados de los años 30 y la década del 50 favoreció principalmente al capital, perjudicando al proletariado urbano y rural, cierto es que los sectores medios, empleados gubernamentales y cualificados de la industria, obtuvieron una cierta mejora.

La crisis del 29-30 afectará principalmente a los sectores ligados a la exportación y también implicará una cierta contracción en la participación estatal en la economía, frenándose el auge de las obras públicas, lo que implicará un cierto retorno al campo del naciente proletariado urbano. En cualquier caso, ello no paraliza el proceso de cambio que se venía dando en la estructura social y que se acrecentará en las décadas siguientes.

Perú, como los restantes países andinos, ingresa en el siglo actual como un país claramente rural (en el 1900, Lima rondaba los 100.000 habitantes), en la cual, durante las primeras décadas del siglo, se continuará consolidando la heterogeneidad estructural entre las costas, con relaciones sociales capitalistas, y la sierra, precapitalista e "indígena". Será la oligarquía costeña la fracción que más claramente se encuentra asociada a intereses comerciales y financieros (incluso existen propiedades de grupos financieros), a la vez que resulta fuertemente dependiente de la burguesía extranjera. Ya desde el siglo pasado la oligarquía costeña, ligada a la producción de caña y algodón, se expandirá al sector financiero (esto incluso con anterioridad a la guerra del pacífico), del comercio interior y exterior y a la actividad minera. El ingreso de capitales nor-

Niña campesina.

La Paz, sede del gobierno boliviano.

teamericanos (particularmente desde finales de la Primera Guerra Mundial) implicará la dinamización del sector minero y cierta modernización de la sierra central, aunque, y a diferencia de Bolivia, la participación de la oligarquía interior será marginal respecto del capital extranjero, a la vez que fuertemente dependiente del mismo.

En las primeras décadas del siglo, y particularmente durante la etapa de Leguía (1919-30), se va a producir un retroceso de las "grandes familias" en beneficio de algunos "recién llegados" (burguesía comercial urbana, etc) que incluso llegan a formar parte de la oligarquía tradicional o se mantienen en los sectores superiores de las capas medias en expansión desde fines de la primera guerra mundial. Básicamente como consecuencia de la ampliación de la Administración Pública, el comercio interior y la educación. En cualquier caso, los sectores medios seguían siendo notablemente reducidos y ello pese a haberse multiplicado al menos dos veces desde principios de siglo. Dicha multiplicación no podía modificar el hecho de que se partía de niveles muy reducido (por ejemplo, en 1905 los empleados públicos en Lima rondaban apenas los 500). A su vez, hasta la década del 60, el mito de las 44 familias es prácticamente un hecho. En la costa, 44 familias, con más de 2500 has. cada una, tendrán en propiedad más de 150.000 has. cultivadas, es decir el 23,1% de la superficie bajo cultivo de la costa (Favre, 1971:105).

A partir de la segunda mitad de los años 20 se incrementarán las grandes migraciones de indios hacia Lima y la costa, las que ya eran significativas desde mediados de la década del 80 del siglo pasado. A la vez se consolidará un proceso de incipiente industrialización ligado básicamente a los bienes de uso corriente. Pese a ello, el proletariado de base industrial y minera no adquiere el peso suficiente como para hacer variar una estructura social polarizada entre terratenientes y campesinos-indios; aunque desde principios de siglo se venían ampliando sus protestas y se desarrollaba el movimiento sindical (en 1911 se dará la primera huelga general de país). El número de obreros en la industria apenas crece desde el final de la Primera Guerra y el primer trienio de los años 30; mientras que sí se acentúa la proletarización rural, donde el número de obreros empleados en el sector algodonero y arrocero se multiplica por tres a la vez que se mantiene con cierto incremento el número de obreros azucareros. Por otra parte, aquel proceso también servirá para que la plutocracia costeña se expanda hacia el sector servicios a partir de los años 30 (muy ligado al desarrollo de la urbanización), transformándose cada vez más en una clase con intereses en la agricultura, el comercio y las finanzas; y que en décadas posteriores se ampliaría a la industria.

La clase obrera (asalariados) significaba el 3,5% de la población de país y el 6% de la PEA al terminar la primera década del siglo. De ellos, sólo alrededor del 10% correspondía a la industria manufacturera, un 20% a la minería y el restante 70% estaba ligado a las plantaciones (fundamentalmente de algodón y en menor medida de caña de azúcar) (Julio Cotler, 1978:134). Aunque se debe tener en cuenta que una parte importante de los obreros mineros y agrícolas eran "engachados" (temporeros que el propietario contrataba a través de un intermedio que los reclutaba fraudulentamente). Si bien el crecimiento del sector es reducido a comienzos del siglo, será suficiente para que aquélla ronde el 20% en los años 30.

La crisis del 29-30 (cuya superación se iniciará en Perú en 1933), como ocurría en los demás países andinos, no alterará sustancialmente el desarrollo de la estructura social que se venía dando. Tendrá un gran impacto en la economía nacional, y, por ello, tanto sobre la oligarquía como sobre los sectores populares, en particular en aquellos que se relacionaban con la agricultura de exportación y la minería (en menor medida con el petroleo), donde al margen de las caídas salariales perderán su empleo más de la mitad de los trabajadores. Si la recuperación de los salarios, aunque parcial, no se logrará al menos hasta 1934 (con respecto a 1929) el número de trabajadores aún seguirá sin alcanzar en aquel año la cifra de 30-32 mil que se daba para 1929 (Quijano, 1977: 284). El impacto que la crisis tendrá sobre el Estado (en 1936-37 el Presupuesto Público se asemejará, sea en dólares o soles, al de

1930-31) también acarreará un fuerte impacto sobre las capas medias que se habían expandido con el "oncenio" de Leguía, así como sobre el proletariado del sector servicios (la contracción en la construcción afectará a más de dos tercios de los empleos del sector). Por último, la caída en el consumo urbano también afectará a los terratenientes de la sierra y las comunidades, particularmente a aquéllas que habían alcanzado algún grado de vinculación al mercado.

Bolivia ingresa en el siglo actual con una estructura que no variará profundamente hasta los años 50. Un campesinado indio (más de las tres cuartas partes de la población) se mantenía sojuzgado por formas serviles o semiserviles a la oligarquía terrateniente. El proletariado, de base minera (concentrado básicamente en Oruro y Potosí) y urbana (el sector fabril- concentrado con el tiempo en La Paz, Cochabamba y Santa Cruz- apenas se esbozaba, destacándose más la dinámica del sector servicios) alcanzaba a aproximadamente un 10% de la población y se encontraba sometido a una explotación salarial muy pronunciada, especialmente por los "barones de las minas" (Antezana, 1977: 193). Los sectores medios eran prácticamente inexistentes y estaban ligados al sector servicios y a algunas profesiones; mientras que el Estado, con recursos muy limitados, apenas contaba aún en la década del 30 con unos 5.000 empleados públicos.

A la crisis del 29, que se empieza a notar en Bolivia en 1930, se sumará, antes de que se reduzcan sus efectos, la guerra del Chaco (1932-35), propiciando una amplia movilización popular-nacional que ya venía cobrando fuerza desde la década del 20. Ésta tendrá su punto culminante con la matanza de Catavi (diciembre de 1942), a partir de la cual se irá quebrando la estructura basada en la oligarquía minera y terrateniente. Paralelamente ascenderán los sectores de obreros y campesinos (en torno a la idea del nacionalismo revolucionario) que, tras avances y retrocesos, impulsarán no en poca medida la revolución de 1952 que dará origen a un cambio fundamental en la estructura social boliviana.

La oligarquía, más aún la de base minera, se verá considerablemente afectada por la crisis del 29, aunque sin que ello llegue a implicar cambios que modifiquen sustancialmente la estructura social. La redución de las actividades ante la crisis implicará un fuerte impacto sobre la clase obrera (más aún si se toma como punto de comparación el momento de auge del estaño, 1928). Patiño, grupo principal de la oligarquía de base minera, reducirá el número de trabajadores empleados de 7.000 en 1929 a 4.000 en 1930 y a 2.000 en 1932 (Gumucio, 1978: 392). La caída fue similar en los restantes grupos, lo cual implicó un duro golpe para un proletariado minero que rondaba los 50.000 trabajadores y que ya de por sí vivía en condiciones de gran miseria.

Todo esto no implicaba en sí mismo transformaciones sustanciales en la estructura social, aunque sí constituirán elementos que se vienen a sumar para propiciar una serie de cambios que desembocarán en la revolución del 52, que es la que sí va a producir un corte sustancial en la estructura social de Bolivia.

ASCENSO Y CONSOLIDACIÓN
DE LOS SECTORES MEDIOS

El modelo más o menos aceptado para los países desarrollados es que el crecimiento económico se da junto a la mayor urbanización, comunicación, educación, etc, y a nivel de estructura social de expansión de las capas medias. Esto no siempre se dió así en los países dependientes y no se termina de ajustar a lo vivido en etapas anteriores en los países andinos, donde en varias ocasiones el crecimiento económico trajo aparejado la proletarización (o pauperización) de los sectores medios (Di Tella, 1974:12-19). Por otra parte, y como ya hemos visto ocurría en varios casos, la ampliación de los sectores medios no siempre es en los países andinos (y latinoamericanos en general) por ascenso de sectores populares, también aquéllo se produce por la pauperización de grupos oligárquicos.

Sí se puede considerar que ello se ajusta más a la etapa que se abre en la segunda postguerra, aunque también se debe sumar al crecimiento económico otras reformas o políticas (caso del agro) que se darán entonces, lo que globalmente permite caracterizarlo como del ascenso de los sectores medios, muy ligado también al proceso de urbanización, el desarrollo de la educación, etc.

Por ello, si bien, como veremos, el ascenso de las capas medias se da en los conjuntos nacionales, es debido al comportamiento de éstas en los sectores urbanos, lo que hace que hacia fines de los años 50 y principios de los 60 los sectores medios urbanos representarán en torno al 27% en Colombia, Bolivia, Venezuela, Perú y algo menos (21-24%) en Ecuador (según los autores estas cifras se reducen en varios puntos). Esto no implica negar que en ciertos casos también se da una expansión y consolidación de las capas medias en el sector rural, caso de Ecuador y aún ya en etapas anteriores de Colombia, pero éstas resultan más estrechas y en muchos casos no logran una consolidación a largo plazo.

A su vez, la tasa de crecimiento de la matrícula en enseñanza media entre 1957 y 1960 rondó el 50% en Bolivia y Colombia (alcanzando el 12%), en Perú el 90% (17%) y en Venezuela 153% (20%) (Solari, 1967: 353)

Por último, de los cinco países sera Venezuela el de perfil más claramente urbano (un 70% de la población en los primeros años de la década del 60); Perú y Colombia se encontrarán con alrededor de un 50% de la población urbana mientras que Ecuador y Bolivia rondarán el 40%.

A fines de los año 40 del siglo actual se inicia en Ecuador la gran expansión en la producción del banano (a partir de 1948-52). Con ello se inicia la ocupación territorial de la fertil zona interior de la costa mientras que, por primera vez, aparecerán las capas medias con un interés propio ligado a la explotación de aquel producto en pequeñas propiedades (15-100 hectáreas). Nos obstante, estos estratos medios de agricultores e intermediarios (transportistas, etc) no darán paso a una nueva costelación de poder y en años posteriores (55-60) se terminarán proletarizando ante el deterioro del sector y el avance de una tímida "revolución verde" (con incorporación de técnicas más avanzadas, nuevos cultivos mejorados y, lógicamente, capital) que impondrá el cultivo en grandes propiedades.

Estos elementos, sumados a la introducción de otros cultivos y el desarrollo de la ganadería (en la Sierra y El Oriente), así como a la Ley de Reforma Agraria (1964), que aboliera la base jurídica del huasipungo (Abolición del Trabajo Precario) implicará la crisis en una estructura de poder basada en la hacienda y la desaparición del concertaje (década del 40 y principalmente del 50). Crisis de la hacienda ("sistema de hacienda") que también va ligado al proceso de urbanización que cobra impulso, particularmente en la costa, a partir de los años 50.

En cualquier caso dicha reforma agraria no afectó el binominio latifundio-minifundio; los primeros se mantuvieron, mientras que en el caso de los segundos se producía una atomización mayor (multiplicación), con la consecuente inviabilidad de la explotación campesina y la consiguiente proletarización agrícola (y mayor explotación) y, a largo plazo, urbana. De los 252.000 pequeños productores de 1954 se pasa a 470.000 en 1968 (siendo a mediados de los 70 unas 650.000 las explotaciones menores a cinco hectáreas) (Jordán, 1978: 267). La reforma no afectó la gran propiedad en la costa y escasamente lo hizo en la sierra (cuyo mayor impacto sobre la estructura social deviene de la abolición de formas de trabajo precapitalistas), no alcanzando tampoco su objetivo de consolidar y ampliar las capas medias agrarias. No obstante, la reforma, sumada a los cambios globales operados desde los años 50 en el país andino, iba a traer modificaciones importantes en la estructura social de Ecuador.

La proletarización rural, la urbanización, el proceso de industrialización que alcanza cuotas elevadas a partir de los 50, la expansión del aparato estatal, de los servicio, etc., trae aparejado un fuerte crecimiento del proletariado urbano y las capas medias (burócratas, técnicos, profesionales y, si se acepta, "cuentapropistas"; en gran medida de origen mestizo).

El número de obreros industriales pasará de 23.000 en 1950 a 69.000 en 1976 (Moncada, 1978: 100-101). Pero aún así los ecuatorianos que estaban en la industria rondaban solamente el 14% de los trabajadores, mientras que el sector de los asalariados no alcanzaba aún a principios de los 60 a la mitad de los trabajadores del país, permitiendo que resultara mayoritario el sector de autoempleos y trabajadores familiares. De esta manera, al mayor proceso de urbanizacion y proletarización de la clase obrera se agrega la consolidación de los sectores marginales donde se sitúan mayoritariamente los subempleados y desempleados de un modelo de desarrollo excluyente (los últimos alcanzaban el 17% a principios de los 60).

Iglesia en el centro de Maracaibo,
segunda ciudad de Venezuela.

Por su parte, las capas medias se expanden a la vez que controlan una porción mayor del ingreso: mientras en 1950 representaban el 20,7% de la población del país absorbiendo el 28% del ingreso nacional, en 1956 la relación era de un 23,4% y 31,4% respectivamente. Poco tenían que ver éstas con los sectores medios incipientes y marginados de las primeras décadas del siglo (Cueva, 1974: 59)

Todo ello corre en paralelo a la consolidación del capitalismo y la burguesía emergente, que recibirá su último impulso con el auge petrolero. Lo cual no implicará la aparición clara de una burguesía nacional, como fracción diferenciada con intereses específicos respecto de la oligarquía terrateniente tradicional, toda vez que industriales, latifundistas (y agroesportadores) e importadores están plenamente identificados y confundidos. Se trata de terratenientes que trasladaron capitales a la ciudad (inversión en la industria y el comercio) o una burguesía urbana que invierte en tierras. Incluso la tradicional oligarquía de la sierra había invertido en el comercio, la banca o la industria, aproximándose a la burguesía agromercantil de la costa.

Se inicia así el camino hacia la consolidación de una estructura social más diversificada (y por tanto más compleja) en Ecuador.

Los años 40 en adelante también implicarán en **Venezuela** la continuación del éxodo rural (consecuentemente el crecimiento de los polos petroleros y urbanos), pasando el país de un claro perfil rural en 1938 (la población que vivía en el campo representaba entonces un 64% de la población total) a otro evidentemente urbano en los año 60 (un 65-70% de la población venezolana era ya urbana en la segunda mitad de los 60). Cae consecuentemente la importancia de la oligarquía terrateniente tradicional, así como de la vieja aristocracia asentada en los Andes (ligada al "negocio público"), a la vez que se va consolidando una burguesía industrial muy favorecida por la redistribución regresiva de los mayores ingresos generados por el petróleo y también se expande una burguesía agrícola

(estas fracciones burguesas pasan así de representar el 0,3% de la población en 1938 al 0,8% en 1968). A estos nuevos sectores de la clase dominante hay que agregar el segmento de empresarios y administradores extranjeros que se ensancha y consolida con una presencia directa en el terreno, aunque tal vez no llegue a actuar como clase social dominante (Bagú, 1978: 21).

Toda esta evolución va a implicar una serie de cambios que afectarán el desarrollo de los sectores urbanos, principalmente a las capas medias y al proletariado.

En primer lugar se produce el ascenso y consolidación de las capas medias, particularmente profesionales, técnicos y burocracia, ligadas a los mayores ingresos fiscales provenientes del petróleo (aunque su explotación se mantuviese en manos extranjeras) que no se reflejaban en mayores gastos públicos capitalizables. De esta manera aquéllas pasan de representar un 10,5% en 1938 al 16.0% o más del 20% según los autores a fines de los 60. Naturalmente este ascenso presentaba una concentración sobre el sector urbano, dadas las diferencias en la asignación a los factores productivos. Entre otros elementos esto se refleja en materia educativa. Por ejemplo, en 1961, las tasas de alfabetización eran el 77% en el sector urbano, frente al 33% en el rural.

En segundo lugar y en gran medida ligado a la expulsión rural (de un agro extensivo y concentrador) y a la escasa capacidad de absorción de empleo de la economía urbana (en 1960-68 la tasa de desempleo alcanza el 12-14% de la PEA) crece un sector de marginados que de un 0,1% en 1938 pasa al 5% en 1968, constituyendo desde entonces los cinturones de pobreza una estampa típica de la Venezuela moderna. Como ocurría en el caso de Ecuador, también en Venezuela ya entonces tenía un peso importante sobre la estructura social el sector de autoempleados y trabajadores familiares.

Por último, se consolida el proletariado urbano. Éste estará ligado a los servicios y en menor medida a la industria y representará en 1968 el 40% de la población total (frente al tercio, aproximadamente, que significaban a fines de los años 30). A su vez, y pese a la importancia del sector informal también crecerá globalmente el sector asalariado (ronda los dos tercios de los trabajadores a principios de los 60) perdiendo peso consecuentemente los campesinos pobres (Maza Zavala, 1977:605).

La Reforma Agraria (1960) y todas las medidas adoptadas durante la década no lograrán modificar la estructura de la tenencia de la tierra y tampoco la estructura social en el campo. Frente a una reforma que ni siquiera ponía límites en la extensión de las tierras, el eje dinámico de los cambios señalados en la estructura social está ligado a la explotación del petróleo, el papel jugado por un Estado que incrementaba considerablemente los recursos y el proceso de urbanización.

En el caso de **Perú** también se ampliará el proceso migratorio desde la sierra a la costa; a la vez que se incrementa la concentración urbana. La población costeña pasa de representar el 25% en 1940 al 40% en 1960; mientras que la población urbana (considerada tal en Perú la que vive en capitales de departamentos, provincias y distritos) pasa del 27% en 1940 al 41% en 1961; mientras que la PEA en la agricultura cae del 62% al 50% en el mismo período. Ello basicamente a raíz de los flujos hacia los centros mayores (100.000 y más habitantes) y, de forma relevante, hacia la Gran Lima, que pasan de representar el 8% de la población total en 1940 al 20% en 1961. Las barriadas de Lima, que habían mantenido un fuerte crecimiento en tiempos de crisis, fundamentalmente entre fines de los años 20 y principios de los 30, lo retoman a mediados de la década del 40; manteniendo desde entonces un crecimiento casi constante (Madalengoitia, 1979:345).

A su vez se expande el sector de los asalariados, tanto de obreros como de empleados (básicamente capas medias), aunque no llega a constituirse en el sector mayoritario de la población (como en el caso de Ecuador los trabajadores por cuenta propia, 38-40%, tienen un peso muy similar al de los asalariados). Los obreros pasan de representar el 35% en 1950 al 37,5% en 1961 y los empleados del 10,4% al 12,5% en el mismo período. Ello gracias al sector manufacturas y en parte al de servicios en el primer caso (en mucha menor medida a la agricultura, mientras que se reducen algo en el caso de la minería) y al sector servicios en el de los empleados. Por su parte la PEA minera se mantendrá en torno al 2% de la PEA total, lo que será casi una constante en Perú hasta la década del 70.

Pese a estos rápidos cambios, que ya en la década del 50 llevan a hablar del "huaico serrano" (huaico en quechua: deslizamiento de tierra) y de la necesidad de fijar la población en la sierra, esta última sigue representando aún a principios de los 60 más de la mitad de la población peruana. No sólo se estaban produciendo esos rápidos cambios, lo que también era importante es que se incrementaba la percepción de aumento de la "avalancha" migratoria, desde una sierra cuyos ingresos per cápita, tanto a nivel de obreros como de empleados o independientes, son tres veces inferiores a los de la costa (cuatro veces respecto a los de Lima) y también inferiores a la selva. Flujo migratorio también desde un sector rural profundamente polarizado entre un 8% de propietarios que detentan el 88% de la superficie frente al 53% de comuneros que mantienen el 12% de la tierra y 39% de campesinos sin tierra (datos de 1961). Naturalmente la polarización social se expresa en términos globales (más allá de la dicotomía costa-sierra, etc); términos que indican que casi la mitad del ingreso es absorbido por el primer decil, mientras que el último decil (del sector más pobre de población) apenas percibe el 2-3% del ingreso.

En la década del 60, el interés por evitar aquella "avalancha", las invasiones de tierras y conseguir una sierra capaz de alimentar a la costa, tornará más intenso el debate sobre la necesidad de una reforma agraria, lo que desembocará en la "Ley de bases de Reforma Agraria" y la Ley de Reforma del 64. En cierta medida será una reforma que afecta a la sierra y es consecuencia de la diferenciación entre latifundistas, en la que seguirá siendo la oligarquía costeña el eje de la

Presa del Guri. Una de las
principales de obras de
infraestructura de Venezuela.

Guayaquil.

Barcos dedicados a
la pesca de anchoreta
en la costa peruana.

cúspide social. Ni siquiera está muy clara la existencia de una burguesía industrial autónoma (particularmente en el caso de la burguesía agroindustrial), ya que será aquella la que continúa su expansión (teniendo a la plantación como base), controlando gran parte del proceso de industrialización fácil e incluso de bienes de capital y durables, al margen lógicamente de la primacía de las multinacionales. Incluso la industria de harina de pescado, que cobra auge en la segunda mitad de los 50 y nace en torno a sectores medios que se perfilaban como pequeña burguesía, terminará en gran medida, ante la crisis que atraviesa al sector desde 1963, absorbida una vez más por aquella oligarquía. Aunque en cualquier caso se irá produciendo, particularmente desde los años 50, cierta diferenciación en la clase dominante, con mayor presencia de una burguesía industrial diferenciada.

El crecimiento del Estado, el desarrollo industrial y comercial permitirá a su vez la expansión de los sectores medios, empleados, burocracia estatal y algunos grupos de profesionales, lo que está a su vez relacionado con la expansión educativa. En este sentido, los alumnos de nivel secundario experimentarán un salto del 270% durante la década del 50, trasladándose este crecimiento una década más tarde a la Universidad (Pease, 1979:25-26). Lógicamente estos aumentos tienen una fuerte concentración sobre el sector urbano dada la disparidad que presenta con el rural, y que se refleja por ejemplo en unas tasas de alfabetización que dan un 82% contra 40% respectivamente.

El ascenso de los sectores medios, la mayor diferenciación en la clase dominante y las presiones populares (fuertes luchas urbanas, movimientos campesinos y focos guerrilleros) podrán en crisis definitiva a un Estado- oligarquía ya deteriorado desde la década del 30 y cuya quiebra "definitiva" corresponderá al gobierno populista de Velasco Alvarado.

Durante el "velasquismo", junto a las nacionalizaciones, en primer lugar de la International Petroleum Company, que darán un mayor margen de acción al Estado en beneficio de los sectores industriales y

medios, será la reforma agraria la que producirá un mayor impacto en la estructura social.

Ésta implicará la quiebra tanto del latifundio de la sierra como de la plantación costera, afectando no sólo los intereses del gamonal andino (como en las reformas anteriores) sino también los intereses agroexportadores nucleados en torno a la Sociedad Nacional Agraria (Petras, 1986:251-266). Aunque, naturalmente, hayan existido casos en los que mediante la parcelación ficticia y otras artimañas se pudo haber burlado la reforma. En definitiva, de la polarizada estructura social, con un 0.5% de unidades productivas que concentraban el 75% de la tierra bajo cultivo y un 83% de minifundios (con menos de 5 hectáreas) y "comunidades indígenas" que mantenían menos de un cuarto de la misma, se pasará a otras menos concentradas. La reforma benefició a través del sistema de cooperativas, comunidades y propiedad social a más de 300.000 campesinos, mientras que individualmente afectó a unos 30.000. Pero la reforma, así como implicó la quiebra del gamonal y parcialmente de la, en términos de Bourricard, segunda oligarquía, también significó el ascenso del "coronel cooperativista" (las cooperativas estaban básicamente en manos de militares). Una nueva élite de burócratas que en algún sentido venían a ocupar el lugar del terrateniente anterior, del que en general tomaban incluso buena parte de sus símbolos (incluida la casa).

La reforma implicó por tanto el ascenso de una nueva élite (al menos coyunturalmente). Particularmente desde mediados de los 70, se va a empezar a agudizar la diferenciación social a través de la distribución del ingreso en favor de los trabajadores rurales permanentes y en perjuicio de los estacionales. A su vez sufrirá cierto retroceso, así como una serie de cambios no esperados en años posteriores. Pese a ello, no cabe duda que la reforma implicó una desconcentración en la propiedad de la tierra y, en cierto grado, una menor polarización de la estructura social en el agro.

Pero las medidas gubernamentales no se orientaron exclusivamente a quebrar el poder oligárquico, también afectaron a la "clase gerencial" extranjera, que resulta casi un elemento más de la estructura social de los países dependientes. Tal la expropiación de las tierras de Cerro de Pasco (empresa minera) en la sierra entral, aunque dichas tierras resultaran para aquélla de segundo orden.

En definitiva el "velasquismo" implicó la quiebra de la oligarquía tradicional, aunque no totalmente, y debilitó el papel de los sectores gerenciales extranjeros en el país, a la vez que favoreció una cierta distribución del ingreso que beneficiará a los sectores medios, la clase baja y como veremos más adelante, la burguesía urbana.

A pesar de los cambios que se habían producido ya en **Colombia** en la etapa anterior será a partir de la segunda postguerra, y en particular desde la década del 50, cuando se operan las mayores transformaciones en la estructura social de este país andino.

Entre 1945-1946 y 1957 (período de la violencia) se sucederán los conflictos de cuya magnitud dan cuenta los entre 200 y 300.000 muertos y que afectarán particularmente al sector rural. Ello implicará una alta movilidad de la tierra y las personas, incrementandose aún más sostenidamente el proceso de urbanización. La violencia y sus secuelas fomentarán la consolidación de una burguesía agraria, pauperizará a los campesinos de las laderas incrementando la diferenciación de "clase" entre ellos y, aunque como fenómeno limitadio, permitirá el ascenso de nuevos terratenientes (caso del conocido mestizo Montiel).

La crisis de la hacienda, que se había iniciado básicamente en los años 20, se agudizará a lo largo de este período, transformándose en economías capitalistas o dejando su espacio a una ascendente burguesía agraria. Ello implica una perdida de peso de la oligarquía tradicional, la transformación de algunos arrendatarios de las haciendas en pequeños propietarios y los más en asalariados, desempleados rurales o urbanos, y colonos. A su vez, dicha crisis implicaba la liberación de las prestaciones obligatorias (que mantenían al campesino atado a la hacienda) y por tanto la mayor movilidad de la fuerza de trabajo.

La violencia, una de las expresiones de la injusticia social en Colombia.

Lógicamente, la concentración urbana es reflejo de estos fenómenos, así como del proceso secular de modernización capitalista del agro. A mediados de los años 60 la población urbana superará a la rural (52% contra 48% respectivamente en 1964- dato que se refiere a las cabeceras municipales-) a la vez que se operaba una mayor concentración: las cuatro ciudades principales (Bogotá, Medellín, Cali y Barranquilla) pasaban de representar un 8% en 1938 a 13% en 1951 y a 20% en 1964. Como reflejo de este proceso y de los cambios en la estructura productiva se ampliará considerablemente el sector de los asalariados urbanos, que de representar el 58% de la población ligada a tareas no agrícolas en 1938 pasarán al 71% en 1964. Lo que en cualquier caso implica también en el caso de Colombia un alto porcentaje de autoempleados y trabajadores familiares.

Naturalmente este proceso lleva implícita la consolidación de una burguesía industrial (que en muchos casos era la misma burguesía agricola), la ampliación de las capas medias y la elevación de los niveles educativos. El ascenso de los sectores medios no sólo se da paralelamente al cambio en los niveles educativos, sino también en relación al incremento de la capacitación técnica en un proceso de largo plazo que se prolonga hasta nuestro días. Si en 1951 la población con educación secundaria y universitaria alcanzaba el 9%, en 1965 rondará el 20% a su vez, para el mismo período la población sin educación disminuirá del 42 al 20% aproximadamente (sobre la población de más de quince años).

Por su parte la alta expulsión de mano de obra del agro y la escasa capacidad de absorción de las ciudades tiene como consecuencia que, como ocurre en los demas países andinos, se incrementen los sectores marginales, en particular con los subempleados y desempleados. Estos últimos sumarán ya a fines de los 60 más del 20% en algunas ciudades.

El año 1961 será el de la segunda Reforma Agraria, que nuevamente no va a afectar sustancialmente la base de la estructura social en la medida que estaba más dirigida a la modernización que a la redistribución de la tierra. La etapa reformista (hasta 1972) tenderá en rigor a fortalecer a la burguesía agrícola (lo que se refleja en el auge de la agricultura comercial) y a expandir el sector del asalariado rural, aunque éste siempre se mantendrá en Colombia (hasta los años 80) en torno al 40-45% de la fuerza laboral. La entrega de tierras, a más de reducida, sólo va a significar en más del 90% de los casos el reconocimiento y legalización de la posesión, pero no el acceso a la misma de campesinos sin tierra.

En **Bolivia** será la revolución del 52 la que traerá los cambios mas importantes en la estructura social del país. Ello tanto por su vertiente nacionalista (respecto a la clase gerencial extranjera) como por sus profundas reformas (en relación con la oligarquía minero-terrateniente) que implicarán cambios sustanciales no sólo respecto de la clase dominante tradicional, sino también respecto de nuevos sectores en ascenso y de fracciones burguesas que se readecuan o emergen como tales.

En octubre de 1953 se nacionalizan las minas, lo que también implicaban, almenos teóricamente, el control obrero. Al margen que las vetas principales ya estaban agotadas o se trata de minerales de baja ley, aquello significará la desaparición en Bolivia de la oligarquía minero-terrateniente tradicional (la "rosca") y consecuentemente de los clanes Patiño y Aramayo (prácticamente un Estado dentro del Estado). En cualquier caso ello no traerá aparejado un gran cambio para los 40-50.000 mineros de entonces, que partían de condiciones infrahumanas. En las minas no se alcanzaba el consumo de un grano de leche por día y la mortalidad, como en el Altiplano en general, era del 500 por mil. Sí en cambio permitirá el ascenso de una nueva fracción de la pequeña burguesía basada en la minería mediana.

En 1953 se decreta también la Ley de Reforma Agraria, en gran medida como respuesta a un campesinado indio que llevaba varias décadas de cruenta lucha. Esto implicaría la quiebra del latifundio (un 4,5% de los propietarios del campo absorbían el 70% de la propiedad agraria privada; mientras que más del 90% de la tierra estaba en 1950 concentrada en explotaciones de más de mil hectáreas -porcentaje este último muy superior al de Perú, y Venezuela, 72-78%; y más aún al de Colombia y Ecuador, 27-37%) y de su principal forma de explotación: el colonato (que se daba en el 44% de la superficie cultivada), así como de la oligarquía agraria tradicional y el fin de los servicios semifeudales.

Así surge una extensa capa de minifundistas, indios en general, que acceden a su tierra y que se seguirán manteniendo en base a la pirámide social. Aunque el minifundio ya estaba considerablemente extendido en Bolivia a principios de los años 50, si bien no en la misma medida que en otros países andinos. Mientras en Bolivia, en 1950, las explotaciones de menos de 5 hectáreas concentraban el 0,2% de la tierra en Colombia y Venezuela concentraban el 1-3% y en Perú y Ecuador el 7-7%. Hasta principios de los 60 se otorgaron títulos de propiedad que beneficiaban a más de 200.000 familias y hasta fines de los años 70 se habían distribuido más de 550.000 títulos, con lo cual más de dos tercios de los campesinos bolivianos son propietarios de la tierra que trabajan. El minifundio, y no la expansión de una capa de pequeños y medianos propietarios, como pretendía originalmente la Reforma, fue el resultado de aquel proceso.

Este hecho, sumado al conjunto de cambios que se dan a partir de 1952, fomenta las migraciones hacia las ciudades y una mayor participación del campesinado indio en la esfera mercantil. Aunque se va a producir un resquebrajamiento en la estratificación de castas respecto a un período previo al 52 en el que los indios tenían cercenado incluso el derecho a circular libremente por las áreas más importantes de las ciudades, la pretendida "integración" y pasaje a "ciudadano" no fue tal. Los indios que constituyen el 62% de la población boliviana (el 87% si se suman los mestizos) a principios de los 60 seguirán sometidos a una doble dominación, étnica y de clase, seguirán siendo "extranjeros en su propio país". La "política indigenista", y por tanto integracionista y "civilizadora" no produjo, como ocurre en el caso de Velasco Alvarado en Perú, los resultados esperados, lo que en cualquier caso hubiese significado no en poca medida una doble dominación modernizada vía integración.

Por otra parte, los mayores ingresos que percibe el Estado con el control de diferentes sectores de la economía permiten el crecimiento de la burocracia. Ésta pasaba así de 10.000 empleados públicos antes de 1952 a 25.000 con posterioridad a dicha fecha, aumentando otros 25.000 con Barrientos y otro tanto con Ovando y Torres, sumando así en 1971 los 75.000, que sólo cinco años más tarde superarían los 150.000. Naturalmente esto se debe interpretar como ampliación de los sectores medios, pero se debe tener en cuenta que pese a controlar el Estado boliviano más de dos tercios de la economía continúa teniendo un erario pobre y que muchos de aquellos empleados corresponden a los sectores más bajos de las capas medias. Los sectores medios altos y de la burguesía estarán más ligados, particularmente antes del 52, a las empresas extranjeras que de una u otra manera continuarán actuando en el país. Debemos

destacar que, aún en los años 50, el gerente general de una compañía minera o incluso un superintendente de minas ganaba más que el Presidente de la República o un Ministro (según el Informe Keenleyside), mientras que en los escalones intermedios también existirá cierta diferenciacion con los empleados estatales o de sectores privados nacionales, aunque ésta no resulta tan pronunciada como en el caso anterior en el que se trata generalmente de ciudadanos extranjeros.

La ampliación de los sectores medios (que rondan un cuarto de la población a fines de los 60) no se da paralelamente a una significativa mejora educativa. Alrededor del 40% de la población continuará siendo analfabeta, lo cual se relaciona con el hecho de que en torno a un tercio de la población es de habla quechua (predominante entre las lenguas indias en Bolivia), aymara y en menor medida de otras lenguas (guaraní, fundamentalemnte) y dialectos; mientras que aquéllo se mide en relación al castellano. Por el contrario sí mejora considerablemente la matrícula universitaria, que con el 5% sobre la población entre 20 y 24 años en 1965, sitúa a Bolivia por delante de Ecuador y Colombia. Pero dicho porcentaje corresponde a las capas medias superiores y a la clase alta.

Por otra parte, como efecto de los cambios operados desde 1952 y la estrategia de desarrollo del Movimiento Nacionalista Revolucionario -MNR- (1952-64) surgirá, a mediados de los 60, una nueva fracción de la clase burguesa en el oriente boliviano (también se relaciona con la presencia de la Bolivian Gulf Oil Co.) ligada a la actividad agroindustrial (azúcar, particularmente desde su recuperación en el 72, y algodón). Parte de la antigua oligarquía terrateniente cruceña se transforma, modernización capitalista mediante, en la nueva burguesía agrícola, a la que se suman nuevos grupos impulsados por el Estado. Con ello se generará también un sector asalariado-estacional (con importantes migraciones temporarias), fomentando la incorporación agrícola; aunque siempre muy limitado frente al pequeño propietario campesino.

El campesino alimentará el agro capitalista, la mina, o los centros urbanos, pero mayoritariamente seguirá ligado a su minifundio y al margen de la economía capitalista. A pesar de haberse acelerado el proceso de urbanizacion, en 1965 el porcentaje de población urbana seguía siendo, con el 40% (o aún menos según las fuentes), el más bajo entre los países andinos tras el de Ecuador; lo que también ocurría con la fuerza de trabajo, en más del 50% en ambos casos ocupada en la agricultura.

Sólo rara vez la enseñanza se imparte en las lenguas autóctonas del altiplano.

CAMBIOS Y DIFERENCIACIONES
INTRACLASES

La década del 70 y lo que va de la del 80 será para los países andinos de cambios y diferenciaciones intraclases o intragrupos socioeconómicos, no variando en absoluto una estratificación social numéricamente muy piramidal. No siquiera los cambios generados por el "velasquismo" en Perú o el gobierno militar que se instala en Ecuador en 1972 traerán consecuencias significativas sobre la estructura social. La movilidad, con una estructura de la propiedad y pirámide de ingreso claramente concentradoras, será principalmente espacial.

Las características comunes a los cinco países andinos en las últimas dos décadas se relacionan con cambios en las fracciones de la clase dominante y diferenciación en el proletariado urbano. Diferenciación que se observa también en las capas medias, que globalmente no muestran una extensión a destacar.

Los cambios en la economía internacional y en el modelo de desarrollo de los países andinos (y latinoaméricanos en general), con un agotamiento o crisis de la etapa de acumulación hacia adentro y cierto retorno a lo que podríamos denominar "nuevo modelo de acumulación hacia afuera", implicará la consolidación en la clase dominante de la burguesía exterior (totalmente dependiente de la valorización del capital a escala internacional), agroindustrial, financiera e industrial ligada a la producción de bienes en sectores dinamizadores decadentes. Ello en detrimento de la oligarquía tradicional (terrateniente y en algunos casos minera) y la burguesía "nacional".

En el caso de los sectores populares también se produce una diferenciacion (entre obreros cualificados y no cualificados) que en cierta medida es requisito del "nuevo modelo de acumulación hacia afuera". Este modelo, que adquiere mayor profundidad y "coherencia" según los países y los diferentes gobiernos, va a su vez a agravar un problema estructural del desarrollo de las economías dependientes: la marginalidad de algunos sectores populares.

La marginalidad no es en realidad un hecho nuevo en la región, tradicionalmente existió en el sector rural (y existe), a la vez que se fue incrementando en las áreas urbanas desde la segunda postguerra. Lo que resulta nuevo son las dimensiones que ha alcanzado el fenómeno (podríamos hablar de hipertrofia del sector marginal) y el hecho de que ya nadie puede sostener con cierta coherencia que tal sector, con sus características a nivel económico (desempleo y subempleo), es un fenómeno coyuntural que pueda desaparecer sin cambiar sustancialmente la formación socioeconómica.

La concepción desarrollista en auge a partir de la segunda postguerra consideraba a las sociedades latinoamericanas escindidas en dos sectores claros: uno tradicional y otro moderno. Se suponía que el crecimiento de la producción, vía industrialización, traería aparejado el incremento del empleo y la incorporación del sector tradicional al moderno. Sin embargo, rápidamente fue quedando claro que el proceso de urbanización e industrialización traía aparejado el surgimiento de sectores que vivían en condiciones de gran miseria ("favelas", "rancherios", "barriadas", "villas miserias", etc).

Ya con el desarrollo de la corriente dependentista, en la década de los 60, se comienza a interpretar a dicho sector marginal como funcional al sector moderno, en definitiva como condición necesaria para el funcionamiento del capitalismo dependiente.

No se trata de una superpoblación relativa, pues no se origina en la falta de recursos disponibles dada una masa de población, sino en el tipo de asignación que de los mismos hace la clase dominante. Tampoco sería completamente "ejército industrial de reserva" en la medida que no participa como fuerza de trabajo integrada en el mercado (ni se mueve según ciclos de expansión-depresión económica), aunque parcialmente esto se pueda dar e incluso presionen en ciertos casos los salarios a la baja dada la exis-

Trabajador informal del
sudeste peruano.

tencia de grupos parcialmente integrados, que dedican alternativamente algunas horas al sector formal de la economía o que producen para dicho sector. Por último tampoco son lumpemproletariado en la medida que no se trata de "desarraigos entregados a una vida azarosa", aunque también puedan existir pequeños grupos en esta situación y ligados a la "economía negra" (Ribeiro, 1982: 84-89).

Son marginados, desintegrados que viven en general en condiciones de gran miseria (mayoritariamente pertenecerían a la "clase oprimida" que definiera Marx) y constituyen una característica propia de la esructura social en los países dependientes. La que se ha agravado por condicionantes específicos de esta etapa y por el mantenimiento de unos factores estructurales. Entre otros la mayor crisis económica (entendida ésta como la menor producción y por tanto ingreso), continuación en los flujos migratorios hacia las ciudades, estructura de poder, ascenso de un modelo socioeconómico más excluyente (baja ab-

sorción de empleo del aparato productivo), etc.

Estos sectores marginales se encuentran en general ligados al desempleo abierto (más claramente excluidos) y subempleo (más claramente informales). En este último sentido se trataría de personas ocupadas en pequeñas unidades económicas de subsistencia (que emplean fuerza de trabajo del propio trabajador y su familia, manteniendo a su vez una baja relación capital-trabajo) y trabajadores por cuenta propia de tendencia autárquica (lo que excluye profesionales y trabajadores domésticos, que incluso a veces son sumados, caso PREALC). Ello implica que los podemos encontrar tanto en el comercio (el sector mayoritario entre los informales -en general ambulante-), como en la industria (artesanal, reparaciones, etc), y los servicios (vivienda —subalquileres, construcciones—, transporte -taxis colectivos-, personal doméstico —no siempre incluido—, preparación y venta de comidas, etc).

Existiría en este sentido una especie de ecuación: desempleo y subempleo-ex-

Vista parcial de Quito.

cluidos y sector informal -pobreza urbana y áreas marginales de las ciudades, que aunque no resulta precisa, identifica claramente un sector tan diversificado. Aunque, como hemos dicho, en muchos casos mantienen cierta relación con el sector formal (particularmente cuando se trata de barriadas de los cordones industriales), presentan niveles educativos similares o superiores a los de la clase obrera tradicional (pobladores de las barriadas más antiguas) e incluso llegan a ocupar posiciones más altas en la estructura social a las de los asalariados tradicionales, lo normal es su marginalidad y el mantenimiento de niveles más precarios que los del proletariado urbano tradicional.

Al nivel más puramente económicco (desempleo y subempleo) es donde resulta más fácil cuantificar el peso de estos sectores en la estructura social,y, con ciertos márgenes de error, señalar que su expansión en los últimos años ha sido vertiginosa. En Ecuador, si el desempleo sumaba el 8% de la fuerza laboral en 1984, en 1987 alcanzará el 13, mientras que el subempleo se incrementará para el mismo período del 48% a 56%. En Colombia, el desempleo alcanza ya a fines de la década pasada el 10% y el subempleo el 14%; mientras que los estudios más serios sitúan la suma de ambos a partir de 1984 en torno a la mitad de la PEA (dentro del sector urbano). Situación parecida vivirá Bolivia, donde ya en la década pasada el subempleo rondaba un 30% de la PEA y el desempleo más del 15%, situándose ambos en los últimos años por encima de la mitad de la PEA urbana. Con una evolución similar, los niveles serían algo inferior (entre un tercio y la mitad) para Venezuela. Por último , en Perú, sólo entre 1981 y 1984 más de 200.000 trabajadores pasaron del sector formal al informal, lo que tiene como resultado que más de un tercio de la PEA urbana se sitúe en el sector informal y que, en Lima, de los más de dos tercios que representan los sectores populares, en torno a la mitad corresponden a trabajadores informales.

La marginalidad e informalidad económica de estos grupos se aprecia también a nivel político (algunos autores mencionan como tal incluso a "Sendero Luminoso") y sociocultural.

Existe cierta informalidad educativa, que aunque basada en el idioma oficial y dominante en los cinco países andinos: "el castellano o español" (según cada Constitución), que se expresa en el crecimiento y consolidación de centros educativos extracurriculares, al margen de la enseñanza oficial, y que superan fácilmente los mil en ciudades como Lima.

Culturalmente estos grupos desarrollan nuevas formas que también se podrían considerar productos marginales (aunque alcancen un auditorio mayoritario). Así por ejemplo, la ya muy difundida "Chicha" es producto de las barriadas urbanas peruanas y resulta expresión de la desintegración del huayno serrano en fusión con ritmos colombianos y cubanos. Es parte de la cultura andina, trasplantada e hibridizada en las barriadas, que se interpreta a los acordes de guitarra eléctrica, batería y órgano.

La Iglesia Católica, monopólica en los cinco países andinos (corresponde al 93% de la población en Bolivia, el 95% en Perú y Venezuela y el 97% en Colombia y Perú) ve surgir y expandirse una vasta informalidad religiosa. Sectas de todo tipo se multiplican como desgajamiento de la iglesia católica y protestante, o como formas originarias del culto.

Por último, también en el caso de la familia se aprecia la expansión y consolidación en estos grupos de la familia matricéntrica. Es decir nucleadas en torno a mujeres que tienen hijos de maridos diferentes.

Más allá de las diferenciaciones y cambios que se dan en la clase dominante y el proletariado urbano, que resultan más o menos comunes a los cinco países andinos, existen desde fines de los 60 y principios de los 70 elementos propios que los separa más nítidamente, aún más que en etapas anteriores, y los caracteriza y diferencia en sus estructuras sociales.

Ecuador

La explosión petrolera en Ecuador, que se inicia con el primer embarque de crudo en 1972, implicaría un fuerte impacto sobre la burguesía, incluida aquélla más fuerte ligada a la exportación del banano (aunque ya no tenía el peso de los años 50). Dicho impacto significaría la fragmentación en varios segmentos y la supeditación al Estado o a la dependencia de las fuertes inversiones extranjeras (en 1971 en torno a un tercio del territorio nacional estaba entregado a compañías extranjeras). Si esto ocurría con la clase dominante, el impacto de los mayores recursos generados por el petróleo no significaba un cambio apreciable en los sectores populares que casi no participarán de aquella "bonanza". Si en 1970-72 los salarios participaban en el ingreso en un 29%, en 1973-75 lo harán en un 27%.

La asunción en 1972 del gobierno "reformista" y "nacionalista", con su Filosofía y Plan de Acción del Gobierno, no dió en la práctica los resultados esperados (un incipiente capitalismo de Estado), por lo que la posible expansión de los sectores medios, contracción de la burguesía y mejora para los sectores populares se quedó en una pura hipótesis.

La Segunda Ley de Reforma Agraria (fines de 1973), que implicaría la redistribución de la propiedad, se irá decantando desde 1974, ante las presiones de los terratenientes y las trasnacionales agrícolas, en una mera modernización capitalista del agro. Quedando así la redistribución en simple distribución del oriente ecuatoriano bajo los programas de colonización, mientras que aquella perspectiva conducirá a una consolidación y ampliación del proletariado rural y la burguesía agroindustrial. Las formas del trabajo precario y el huasipungo desaparecen totalmente (al menos legalmente), mientras que la propiedad de la tierra continuará muy concentrada: unos 400 latifundistas controlan un millón de hectáreas, mientras que 200.000 pequeños campesinos apenas controlan 100.000 (Muñoz Vicuña, Vicuña Izquierdo, 1984:246).

El nacionalismo petrolero que se dará en un comienzo (con devolución al Estado de casi cinco millones de hectáreas) irá perdiendo peso a partir de 1975-76 y claudicando ante la presión exterior (principalmente de la Texaco-Gulf). Al margen de la presión exterior y los cambios de orientación que adoptaba el Gobierno, ello denota, y en parte es también consecuencia, la consolidación que se había operado en la burguesía exterior (aliada del capital internacional), que aún recibirá un mayor impulso en la década del 80.

No obstante esta evolución, el crecimiento del PIB entre 1968-1975 y los mayores recursos que controla el Estado; así como la incorporación del Ecuador al Grupo Andino, permitirán un aumento de la urbanización, del sector industrial, los servicios y los gastos estatales (incluidos los de educación , salud, etc.). Precisamente serán estos mayores recursos y gastos estatales, más que una posible ampliación o consolidación de los sectores medios, lo que permite ciertas mejoras a nivel educativo. El analfabetismo cae de alrededor del 30% a fines de los 60 y principios de los 70 a menos del 20% a principios de los 80. Los alumnos matriculados en la enseñanza superior se multiplican por tres entre 1965 y 1983 y los de la universidad por diez en igual período, lo que hace que en los dos últimos indicadores Ecuador sea el país mejor situado entre los cinco andinos.

La población urbana, que apenas superaba un tercio de la población en 1965, alcanzará al 47% en 1984, aunque concentrada con alrededor de un cuarto de la población en Guayaquil y Quito (ciudades que en los 60 contaban con menos de 50.000 habitantes). Ya a principios de los 70 la población también se equilibrará entre la costa, que absorbe el 49% (frente al 20% que representaba a principios del siglo), y la sierra, donde habita el 48% de la población.

De esta manera, si bien el proletariado urbano se ampliará hasta mediados de los 80, el mismo se concentrará en un 70-80% solamente en aquellas dos ciudades. Otro tanto ocurre con unos sectores medios que experimentan algún ensanchamiento, muy ligado a los mayores recursos generados por el petróleo y la expansión del gasto público en la década del 70. Aunque la estructura social seguirá entonces, y sigue en la actualidad, fuertemente polarizada, con un 2% de ricos que absorben el 25% del ingreso nacional mientras el 80% más pobre absorbe también otro 25%.

Estas disparidades se encuentran también a nivel regional, donde los ingresos en Quito y Guayaquil resultan superiores a los de otras ciudades y áreas rurales de la costa o la sierra y a los del escasamente poblado oriente. Y también en la dimensión étnica, donde los indios (quechuas y otros), concentrados en las diez provincias de la sierra (su zona de asiento tradicional es la región interandina, aunque también existen grupos en la costa y el oriente) siguen ocupando la base de la pirámide social, a la vez que se encuentran sometidos a una dominación sociocultural. Aunque en Ecuador muchos grupos se mantienen aun hoy casi aislados y en "estado puro": colorados, jíbaros del oriente y, en cierta medida, otavalos.

En los últimos años la burguesía nacional (ligada a la valorización del capital en el mercado interno) y los terratenientes tradicionales mantendrán un carácter regresivo en beneficio fundamentalmente de la burguesía exterior (agroindustrial y financiera) que había empezado a tener más peso a partir de la década del 60 con el ingreso de inversiones externas en mayor cuantía.

Dicha burguesía exterior recibirá un fuerte imulso con el modelo neoliberal de Febres Cordero (desde 1984 y, en particular, 1986) a la vez, que, dicho modelo, agravará la crisis de una burguesía "nacional" ligada al mercado interno y propiciará la diferenciación entre el proletariado calificado y no calificado, dentro del cual se ampliarán los sectores marginales de desempleados y subempleados. Si el desempleo sumaba el 6% a fines de los 70, alcanzará al 8% de la fuerza laboral en 1984 y el 13% en 1987; mientras que el subempleo, que se situaba en torno al 40% a fines de los 70 alcanzará el 48% de la fuerza laboral en 1984 y el 56% en 1987 (Ortiz Crespo, 1987: 28). Estos sectores impulsan la ampliación de los grupos marginales, manifestación estructural (ya casi nadie reclama su carácter coyuntural que se reflejaba en conceptualizaciones como "villas de emergencia") de la extrema pobreza que los hace situar, no necesariamente siempre, en la base de la estructura social.

Venezuela

En el caso de Venezuela, a diferencia de lo que ocurre con Ecuador, los cambios que se operarían con el "boom" del petróleo corresponden fundamentalmente a etapas anteriores. Si bien se produce su nacionalización (en rigor "estatización pactada") en 1975, ello no da lugar a grandes cambios y prácticamente coincide con el inicio de la crisis en el país.

Durante este período se da cierto crecimiento de la población urbana, aunque más lento que en etapas anteriores. Del 70% aproximadamente que significaba a fines de los 60 y principios de los 70 se pasa a algo más del 80% en 1984. Pero, a diferencia de lo que ocurre en otros países andinos, esto ya no se da en base al crecimiento de sus ciudades mayores, Caracas y Maracaibo, e incluso la primera pierde peso o se estanca en términos relativos (como porcentaje de la población urbana).

Si bien el proletariado urbano ligado a la industria (éste llegará a superar un cuarto de la fuerza de trabajo) y los servicios, experimentan algún incremento, se destaca el aumento de los desempleados y sub-desempleados que en general van a ampliar los grupos marginales. Proceso que cobrará fuerza particularmente a partir de la crisis económica y las políticas seguidas por el gobierno de Luis Herrera Campis (1979-84). Este sector se verá también ensanchado, desde la década del 70, por las importantes migraciones de colombianos (que pueden superar los 700.000) que sobreviven con salarios de hambre o en torno a la economía informal.

La estructura social muestra a nivel de ingresos el mantenimiento de una distribución mesocrática (tras el 5% de mayores ingresos el 15% siguiente absorbe un tercio del ingreso), que incluso tiende a acentuarse por las diferenciaciones dentro de las capas medias, lo que fomenta el ascenso de grupos de nuevos profesionales e intermediarios (técnicos). En términos globales aquéllos no tienen una ampliación considerable aunque sí los indicadores educativos. La matrícula, por grupo de edades, alcanza una tasa del 43% en 1983 para educación secundaria y el 22% para la enseñanza superior; mientras que, con un 14% de analfabetos en 1981, se sitúa en el mejor nivel dentro de los países andinos.

La diferenciación que se da dentro del proletariado y los sectores medios se repite, y en gran medida es consecuencia de la diferenciación en el interior de la clase dominante y los avances de la burguesía exterior ante el desarrollo de un "nuevo modelo de acumulación hacia afuera". Este segmento, más dependiente de la valorización del capital a escala internacional, se va consolidando a partir de finales de la década pasada y tiende a desplazar de la cúspide social a la burguesía interior.

Colombia

Desde fines de los años 60 y en particular desde los 70 se va a incrementar también en Colombia la diferenciación en la clase dominante, entre la burguesía industrial tradicional, burguesía agrícola y los terratenientes tradicionales. A su vez se acentúa una segunda diferenciación donde de la burguesía exterior, industrial o agrícola (frente a la interior), cobra auge ante el nuevo modelo de acumulación hacia afuera que adquirirá su "máxima racionalidad" con López Michelsen (1974-78). El ascenso de dichos sectores se ejemplifica en las exportaciones agrícolas elaboradas o semielaboradas (complejo agro-industrial).

Al ascenso de estos nuevos segmentos de la clase dominante hay que agregar otra fracción de la burguesía de extracción marginal que se encuentra ligada al comercio internacional de la droga. Pese a que, como clase, se la podría considerar una "lumpemburguesía", hay que destacar que como grupo económico se cálcula que llegaba a movilizar en la segunda parte de la década pasada más de 1.000 millones de dólares anuales (Kalmanovitz, 1978:320).

Indios otavalos, Ecuador.

Pese al ascenso de la burguesía agroindustrial y la consiguiente modernización rural, las economías campesinas no terminan de ser reemplazadas por unidades capitalistas y siguen existiendo formas de sujeción extra-económicas, aunque se aprecia una mayor participación de la población asalariada en el agro (que a fines de los 70 alcanza el 45% de la población rural) y una mayor marginalidad en el campo. También siguen existiendo unas capas medias ligadas a la producción de café.

Aunque en rigor con un origen urbano, fundamentalmente comercial, del que luego se han ampliado hacia el agro, y a pesar de no tener una gran significación, el fenómeno se presenta casi como único entre los países andinos. Frente a la burguesía agrícola, la constante en Perú, Ecuador, Bolivia, y en menor `medida en Venezuela, es la existencia de latifundistas o campesinos sin tierra, sin poderse apreciar claramente aquel escalón intermedio.

Estos cambios no obstan para que la presión de los campesinos sobre la tierra siga siendo un hecho, que aún tal vez empeora. Lo cual, sumado a la modernización agrícola y la violencia en las áreas rurales, continuará impulsando las migraciones hacia las ciudades (la población urbana alcanzará al 60% en 1973 y el 67% en 1985) y la presión, algo más reducida que en los períodos anteriores, sobre las ciudades mayores, sumando los cuatro centros principales el 25% y 27% de la población total para los dos años mencionados.

Con estas bases y el mantenimiento de un modelo de acumulación hacia adentro que se mantiene hasta el segundo quinquenio de los 70 se va a producir la ampliación del proletariado industrial. Éste rondará el 15-20% a fines de los 70 y principios de los 80, pero a su vez se va a ir acentuando la existencia de un lumpemproletariado.

La mayor acumulación de las nuevas fracciones en ascenso de la burguesía, sumada a un modelo económico excluyente, implica lógicamente la pauperización de las claes populares, a la vez que una diferenciación entre los trabajadores (calificados y no cualificados) y una mayor cuota de desempleo. De 1970 a 1977 el salario real medio en la industria cayó casi el 30% mientras que el ingreso se deteriorará para el 50% de la población más pobre hasta 1978 (el 19% que absorbía este sector en 1964 sólo se recuperará en 1978) a la vez que se incrementa la participación en el ingreso de los sectores medios (que alcanzan el record de 28.5% de media en el período 1980-85). El desempleo alcanza a fines de la década pasada el 10% y el subempleo del 14%, mientras que los estudios más serios sitúan la suma de ambos a partir de 1984 en torno a la mitad de la PEA (dentro del sector urbano). De esta manera se han ampliado considerablemnte los sectores marginales (el porcentaje de asalariados urbanos ha descendido respecto de los años 60) de las grandes ciudades y, de forma más importante, de las intermedias, donde suelen malvivir en torno al sector informal. Sin menospreciar fenómenos como los enfrentamientos y escisiones en el seno del movimiento obrero organizado, puede ser reflejo de estos cambios en la base de la estructura social el hecho de que la tasa de sindicalización se haya reducido en Colombia del 13% en 1965 al 12% en 1975 y al 9% en 1985 (Ocampo, 1987:323).

Perú

En Perú la reforma agraria de Velasco Alvarado continuará desarrollándose en sus medidas y más aún ya en sus consecuencias durante la década del 70. En el segundo quinquenio y dadas las dificultades de toda índole que afectaban al tipo de reforma realizada (empresa cooperativa, comunal y pequeños campesinos -3 y 150-1.500 hectáreas según las regiones) los campesinos irán logrando la descooperativización y la parcelación de las tierras afectadas (en algunos casos cambiaban por la fuerza a los militares administradores). A largo plazo, esto implicó un cierto retorno a la estructura tradicional, pequeños propietarios que terminarían perdiendo la propiedad y acabarían en el subempleo, migrando a los centros urbanos, o, incluso trabajando bajo formas de peonaje. Sólo un grupo muy reducido accedería a alguna forma elemental de agricultura comercial consolidándose como estrato medio. En cualquier caso, aún en 1972 los minifundistas seguían representando dos tercios de los trabajdores rurales, concentrándose más del 80% de los mismos en la sierra (Figueroa, 1979:327).

La reforma terminó con la burguesía agroexportadora como clase y más aún con el gamonal andino, que incluso ya había sido afectado parcialmente con las reformas anteriores. En diferentes medidas estas fracciones se reorientarán al sector comercio, servicios rurales y otras actividades intermedias. En algunos casos se mantienen en la medida que estan asociados (en cierta medida confundidos) a la fracción de la burguesía financiera que no resultó tan afectada. En otros casos, por último, pasan a engrosar las capas medias urbanas.

Pero, a su vez, la Reforma Agraria pretendía el traslado de los antiguos propietarios al sector urbano para propiciar la consolidación de una fuerte burguesía nacional de carácter industrial. Cambio que en gran medida no se logró, aunque la burguesía industrial saldrá fortalecida tras el velasquismo; lo que no implica que éste hay sido un agente de aquélla. Es evidente la mayor intervención estatal-empresarial (se controlan gran parte de sectores como el de minerales,petróleo, agricultura, comercio exterior, industrias básicas o banca) y las discrepancias de la burguesía industrial, aunque fundamentalemnte a nivel político ideológico, con el proyecto nacionalista. En definitiva existirá cierta concentración de capital en el sector urbano que, sumado al mantenimiento de los flujos migratorios hacia las ciudades, trae una expansion del proletariado urbano. El ritmo de crecimiento de la población urbana del 5,6% desde 1961 permite que en 1972 aquélla alcance el 53% del total (con un crecimiento más bajo a partir del 73, alcanzará el 68% en 1984). Ello gracias fundamentalmente a la concentración sobre las ciudades mayores que del 20% que representan en 1961 pasan al 33% en 1972 (y al 44% en 1984).

Estos aumentos tienen cierto efecto lógicamente sobre la estructura social. El proletariado urbano pasa a representar en 1970 el 40% de la PEA y ello debido básicamente al crecimiento del sector manufacturas y servicios. Los sectores medios se ampliarán hasta mediados de los 70,

cuandos se empieza a dar una diferenciación a su interior, con ciertos grupos que se pauperizan mientras otros se sitúan en el segmento de clase media alta o pequeña burguesía urbana.

Respecto del proletariado urbano la Comunidad Laboral tendrá efectos reales de escasa importancia, mientras que en el período 68-75 no es sustancial la mejora económica de aquéllos, y menos para hacer variar la estructura social. Si bien hasta 1973 se consiguió un incremento del ingreso real del 34%, a partir de 1974 empezará a retroceder y ya con el nuevo Gobierno (1975), un obrero de Lima ganará un 9% menos que en 1968 y el 40% menos que en 1973 (Pease, 1979:138-139).

Por otra parte, se busca la integración de los sectores marginales de las "barricadas", que pasaron a denominarse "pueblos jóvenes" con los programas de "velasquismo". En definitiva, las medidas del nuevo gobierno propenden hacia una reestratificación que no sólo abarca al sector rural (campesino, "barones de azúcar y el algodón") y que implica la mayor homogeneización social. Pero, como hemos visto, esto en gran medida no se consiguió, limitándose los cambios más importantes a la modificación operada en la clase dominante. Sí se logro una mayor homogeneización en algunos aspectos sociales como salud, educación, etc. El analfabetismo, por ejemplo, se reduce a menos del 25% de la población en 1976 (en la actualidad ronda el 15%), mientras que la matrícula secundaria y superior se multiplica por dos entre 1965 y 1976.

Naturalmente, debemos identificar los beneficios de las expropiaciones estatales y la quiebra de la oligarquía tradicional, más allá del aumento de los gastos sociales que favorecen a los sectores populares. En este sentido habría que mencionar los sectores medios, particularmente tecnocracia estatal-empresarial (y privada) y pequeña burguesía intelectual-profesional en general, así como la burguesía industrial que, en su fracción "nacional", recibirá un cierto impulso con la participacion peruana en el Grupo Andino.

Los cambios políticos operados a partir de 1975 implicarán la consolidación en la cúspide de la estructura social de la burguesía industrial, financiera y comer-

Imagén típica de mujer y niño en los países andinos.

cial. A su vez, la política económica adoptada y el agotamiento del modelo desarrollista favorecerá el ascenso de la fracción más dependiente del ciclo de valorización del capital a escala internacional (la "burguesía exterior"); lo que fomenta la mayor exclusión económica de algunos segmentos populares ("los marginados") y el ascenso de una siempre reducida "aristocracia obrera". Esta última diferenciación también se produce en los sectores medios, con el ascenso de nuevos técnicos y profesionales y la pauperización creciente de las capas medias tradicinales.

Perú es, quizás, uno de los países latinoamericanos en los que más han crecido los grupos marginales. El crecimiento de dichos grupos se refleja y es reflejo del crecimiento del desempleo, cuya tasa alcanzó en Lima en 1972 al 8%, el subempleo (20% en 1974) y los autoempleados (21% en 1972), con lo cual estos sectores se duplicaban y en algunos casos se triplicaban con respecto a principios de los 60 (Kritz, 1979:395-398). Ya en la década del 80 los trabajadores informales representarán en Lima la mitad de los sectores populares (que a su vez representan dos tercios de la población). En parte como reflejo de ello y en parte por efecto de la terciarización de toda la economía, los trabajadores en las actividades comerciales y de servicios pasaron de significar el 26% de la PEA en 1940 (en Lima) al 48% en 1972 y al 52% en 1981 (Salcedo, 1984:78).

Al propio crecimiento vegetativo en el sector informal tradicional y la migración rural-urbana (la población urbana alcanza al 68% en 1984) se ha venido a sumar la expulsión de los asalaridos de empresas formales, lo que ha tenido como resultado que más de 200 mil trabajadores se hayan incorporado al sector informal por esta vía entre 1981 y 1984, elevando la participación de dichos sector a más de un tercio de la población económicamente activa urbana (Salcedo, 1984:87). Si bien estos sectores son los mayoritarios en las "barriadas" y en ellas se concentran los grupos marginales, se

Campesino boliviano en
La Paz, desintegración y
aculturación.

debe tener en cuenta que no siempre los habitantes de dichas áreas son marginales (al menos en términos económicos) y se encuentran en la base de la pirámide social. Aunque ésta pueda ser la posición dominante, existen grupos integrados social, política y económicamente, que incluso en ciertos casos mantienen niveles económicos superiores a los obreros asalariados.

Pese a que en los últimos años crece el interés, ya puesto de manifiesto desde los años 60, por conseguir cierto desarrollo de la selva amazónica (que aún adquiere más interés con los descubrimientos de gas y petróleo a mediados de los 80) ésta continuará siendo un área periférica. Los desequilibrios regionales en Perú se mantienen casi intactos. La sierra central y sur mantienen un fuerte "retraso" respecto a la Costa Norte (del cultivo de caña, algodón, la explotación del petróleo o la pesca) a la vez que se va operando en aquéllas áreas una fuerte desintegración sociocultural, tal vez una "cholización" del mundo andino. Este he-

cho, sumado a la violencia (Sendero Luminoso) y las restricciones en el acceso a la tierra, empuja a la población hacia la costa y las ciudades y genera nuevos fenómenos como el suicidio rural (caso de Ayacucho), prácticamente desconocido desde el choque con la cultura española hace cinco siglos.

Bolivia

En la década del 70, Bolivia continuaba siendo y continúa siendo hoy uno de los países latinoamericanos con una estructura social menos diversificada. En 1975, el 40% más pobre de la población percibía el 12% del ingreso mientras que el 20% más rico concentraba el 61% y menos del 1% de la población correspondía a la categoría de patronos y empleadores. Características que el Banzerismo (1971-1978) tendió a agudizar aún más al provocar una pérdida de poder adquisitivo de los salarios de más de un 30% (para el período 1970-79).

El flujo migratorio del campesinado indio continuará a lo largo de los años 70, pero se mantendrá la discriminación y desintegración en las ciudades y Bolivia seguirá siendo el país andino más claramente no urbano (la población urbana alcanza en 1984 el 43% del total y los trabajdores agrícolas el 46% de la fuerza de trabajo ocupada). En 1976 un 25% de la población de La Paz eran migrantes aymaras, que sumados a los nacidos en la propia ciudad, daban un total del 48% (al menos utilizando la lengua como elemento identificador), conformando una subcultura propia. Situados, objetiva y subjetivamente, en la base de la pirámide social se consideran "extranjeros en su propio país" (Rivera Cusicanqui, 1983:142) y constituyen una "marginalidad mayoritaria" que dista de asemejarse a la relacionada con los problemas de desempleo y subempleo de otros países andinos (incluido el caso de Perú). De cualquier manera, la crisis de fines de los 60 y principios de los 70 traerá aparejado el desempleo en las ciudades para más de un 10% de la PEA urbana, que con los subempleados superará el 30-40%.

En gran medida como resultado de esto útimo es que, entre los sectores populares urbanos, seguirán aumentando su peso los trabajadores por cuenta propia (según el Censo de 1976 el 48% de la PEA urbana) y seguirá siendo muy reducido el número de obreros fabriles (menos del 10% de la PEA urbana) y de los servicios (excluyendo los trabajadores por cuenta propia menos del 5%) que, como ocurre en otros países andinos, estarán muy concentrados en unas pocas ciudades (en torno a las tres cuartas partes se situarán en La Paz, Cochabamba y Santa Cruz).

Parte de este último sector, como el de empleados (23% de la PEA urbana) técnicos-profesionales y de profesiones liberales será la base de los sectores medios que se expanden levemente junto al aumento en las tasas de matriculación secundaria (se pasa del 18% de alumnos

Agricultor boliviano.

matriculados en proporción a las edades en 1965 al 35% en 1983) y superior (pasa del 5% al 16% en igual período para edades entre 20 y 24 años). En cualquier caso esta última, vista desde otra perspectiva resulta notablemente reducida, pues implica el 3% de la población matriculada entre 3 y 24 años. Dicho de otra manera, menos del 3% de la población boliviana accede a la universidad. Fuerte desigualdad que también se aprecia a nivel de analfabetismo, donde Bolivia se coloca con una tasa del 37% en el último lugar entre los países andinos seguida a cierta distancia por Colombia con el 19%.

Los mineros ya no tendrán el mismo peso entre los sectores populares. Aunque a mediados de los 70 (censo de 1976) alcanzaban los 60.000, ya representaban un 4% de la PEA no rural, y su peso se reducirá aún más a lo largo de los 70 y 80 ante la crisis estructural de la minería. Ante la incapacidad del sector para absorber más fuerza de trabajo, muchos migrarán hacia las ciudades mayores alimentando las áreas marginales, mientras que otros se trasladarán a nuevas áreas de frontera agrícola. Pero al margen de esta migración y de la más típica rural-urbana, se deben tener en cuenta la fuertes corrientes migratorias hacia el exterior. Sólamente entre 1960 y 1975 habían abandonado el país unos 700.000 bolivianos y esto sobre una población que no alcanzaba a mediados de la década pasada a los cinco millones.

Por otra parte, la década del 70, marcada por el gobierno de Banzer, implicará el ascenso de la burguesía exterior cruceña (en asociación al capital bancario internacional) y de algunas fracciones subordinadas ligadas a la mediana minería, las importaciones y algunas actividades industriales. Aunque la crisis que se inicia en el 77 conducirá a algún resurgimiento momentáneo de la burguesía interior es aquéllo lo que determina más claramente la evolución en Bolivia a nivel de clase dominante.

Manifestación de trabajadores.

CONCLUSIÓN

Si bien cada uno de los cinco países andino (del Grupo Andino) presenta en su estructura social características claramente particulares existen también tantas o más similitudes.

En todos ellos ya desde la independencia política (y desde luego algunos siglo antes) la base de la estructura social estará en la tierra, su tenencia y sus formas de explotación. Esto no se modificará totalmente, y en algunos países andinos casi continúa siendo un hecho en la actualidad. Tampoco se modificarán hasta hace algunas décadas (particularmente hasta los años 60, cuando las reformas agrarias toman cierta profundidad) las formas de explotación típicas: hacienda y plantación, que implican todo un sistema social. Con un terrateniente ausentista en la cima de la pirámide social y un campesino arrendatario (huasinpungero, inquilino, etc) y "afuerino" en la base, se tratará de relaciones sociales precapitalistas.

En las primeras décadas del siglo actual se apreciará cierta diferenciación en la estructura social, con una dinamización del proceso de urbanización (aunque los cinco países continuaban entonces siendo claramente rurales), mejora educativa y expansión en la industria y los servicios. Se aprecia cierta presencia del proletariado agrícola (con relaciones salariales), de la burguesía agroexportadora (que más tarde desplazaría definitivamente a la oligarquía terrateniente y minera: "gamonal", la "rosca", etc.) y en menor medida de la incipiente burguesía industrial, el proletriado urbano y las capas medias. Sin embargo, la diferenciación que se produce en la estratificación social no llega a modificar sustancialmente una estructura social fuertemente polarizada.

Desde fines de los años 50 y principios de los 60 se produce una clara ampliación de las capas medias que llegan a representar entre un cuarto y un tercio de la población en los cinco países andinos. Si bien esto se da paralelamente al proceso de urbanización (Venezuela ya es un país claramente urbano y en menor medida Perú y Colombia) y la expansión educativa, la evolución no repite exactamente el proceso de los países desarrollados. La ampliación de las capas medias también depende de cierto ascenso en el sector rural (casos de Colombia y Ecuador) y "pauperización" de la oligarquía tradicional.

Las últimas dos décadas están marcadas por cambios y diferenciaciones intraclase que lógicamente no modifican la fuerte polarización de las respectivas formaciones socioeconómicos (que no asimilamos a clases sociales), resulta que en los cinco países el 10% de la población de mayores ingresos concentra más del 50% del ingreso, mientras el 20% opuesto apenas absorbe el 1-2% del mismo. La diferenciación intraclase se da con el ascenso de la burguesía exterior y una "lumpemburguesía" ligada al comercio de la droga (particularmente en Colombia), la pauperización de algunos sectores medios y el ascenso de otros (nuevos técnicos) y la expansión de los sectores informales y marginales que superan en los cinco países un tercio de la población.

Toda esta evolución no ha ocasionado cambios sustanciales. Se mantiene una fuerte polarización de clase que se encuentra cruzada en los cinco países andinos por elementos étnicos y espaciales (o geográficos). Es la "América de base india" (principalemnte Bolivia, en menor medida Perú y Ecuador) y la "América mulata" (Colombia y Venezuela), donde indio, negro y mestizo ocupan la base de la pirámide social. Es la polarización y las relaciones de dominación que se podrían simplificar en la ecuación: indio-campesino (a veces marginado urbano) - altiplano (a veces selva) versus costa (y Capital) -blanco (a veces mestizo). Toda la evolución de la estructura y la estratificación social de los cinco países, sus cambios y diferenciaciones, se enmarcan en una historia de fuerte polarización. La "simple" historia de "cuarenta familias", "diez clanes", "la rosca", que pese a décadas de conquistas sociales, siguen sojuzgando a la mayoría de la población, a esos "extranjeros en su propio país".

BIBLIOGRAFÍA

Antezana E., Luis.
1977. "Bolivia en la crisis de los años treinta"., En op. col. (Coordinador Pablo González Casanova), *América Latina en los años treinta:* 193-213 México.

Bagú, Sergio.
1978. "Las clases sociales del subdesarrollo". En Bagú, Sergio; Córdova, Armando; Cardoso, Henrique; Dos Santos, Theotonio; Silva Michelena, Héctor, *Problemas de Subdesarrollo Latinoamericano:*9-52 México.

Bejaramo, Jesús Antonio.
1987. "El despegue cafetero" En Ocampo, José Antonio (editor), *Historia económica de Colombia:* 173-208. Bogotá.

Cotler, Julio.
1971. "Crisis política y populismo militar" En VV. AA., *Perú Hoy:* 86-174 México.
1978. *Clases, Estado y Nación en el Perú.* Lima
1984. "La Construcción Nacional en los Países Andinos" Rev. *Pensamiento Iberoamericano* N° 6:119-133, Madrid

Cueva, Agustin.
1977. "El Ecuador en los años treinta" En op. col.(coordinador Pablo González Casanova), *América Latina en los años treinta:* 214-238. México
1974. *El proceso de Dominación Política en Ecuador.* México.

De Armas, Ramón.
1977. "La burguesía latinoamericana: aspectos de su evolución" En Vitale, Luis; Bagú Sergio; de Armas, Ramón; Olmedo, Raúl; Mandel, Ernest y Gunder Frank, Andre, *Feudalismo, Capitalismo, Subdesarrollo:* 112-138 Madrid

Del Campo, Esteban.
1978. "EL populismo en Ecuador" En VV. AA. *Ecuador Hoy:* 198-237 Bogotá

Di Tella, Torcuato, S.
1974. *Calses Sociales y Estructuras Políticas.* Buenos Aires

Favre, Henri.
1971. "El desarrollo y las formas de poder oligárquico" En Bourricaud, Francois; Bravo Bresani, Jorge; Favre, Henri y Piel, Jean, *La oligarquía en el Perú:* 90-142 Lima.

Figueroa, Adolfo.
1979. "La Economía rural de la sierra peruana". En op. col. (Oscar Muñoz, Compilador) *Distribución del ingreso en América Latina:* 315-352. Buenos Aires.

Fuenzalida Vollmar, Fernando.
1971. "Poder , etnia y estratificación social en el Perú rural". En VV. AA., *Perú Hoy:* 86-174 México

García , Antonio.
1969. *El sindicalismo en la experiencia boliviana de nacionalización y desarrollo.* Santiago de Chile

González Casanova, Pablo.
(Coordinador) **1985.** *Historia política de los campesinos latinoamericanos* (Tomo III: Colombia, Venezuela, Ecuador, Perú, Bolivia, Paraguay). México

Grebe López Horst.
1983. "El excedente sin acumulación. La génesis de la crisis económica actual" En op col. René Zavaleta Mercado, Compilador, *Bolivia Hoy:* 85-128 México

Gumucio, Mariano Baptista.
1978. *Nueva Historia de Bolivia (ensayo de interpretación sociológica).* La Paz.

Hurtado, Osvaldo.
1978."El proceso político". En VV. AA., *Ecuador Hoy:* 166-97 Bogotá

Iriarte, Gregorio.
1976. *Los mineros bolivianos, hombres y ambiente.* Buenos Aires.

Johnson, J. J.
1985. *Political Change in Latin America: The Emergence of the Middle Sectors.* Stanford.

Jordán, Fausto.
1978. "La agricutlrua en el Ecuador' VV. AA. *Ecuador Hoy:* 266-282. Bogotá.

Kalmanovitz, Salomón.
1978. "Desarrollo capitalista en el campo". En VV. AA *Colombia Hoy:* 271-330 Bogotá.

Kay, Cristobal.
1980. *El sistema señorial europeo y la hacienda latinoamericana.* México.

Kritz, Ernesto H.
1979 "Las disparidades regionales del ingreso como expresión de la heterogeneidad de la economía: el caso de Perú". En op. col (Oscar Muñoz, Coomp.). *Distribución del ingreso en América Latina:* 353-400 Buenos Aires.

Lombardi, John.
1985. *Venezuela: la búsqueda del orden. El sueño del progreso.* Barcelona.

Madalengoitia, Laura.
1979. "El Estado oligárquico y la transición hacia una nueva forma de Estado en el Perú". En Rubio, Marcial; Bernales, Enrique y Madalengoitia, Laura. *Burguesía y Estado Liberal:* 275-346. Lima.

Malavé Mata, Héctor.
1974. *Formación Histórica del Antidesarrollo de Venezuela.* La Habana.

Mariátegui, José Carlos.
1984. *7 ensayos de interpreatción de la realida peruana.* Lima (46ª edición).

Maza Zavala, D.F .
1977. "Venezuela en los años treinta". En op. col. (Coordinador Pablo González Casanova), *América Latina en los años treinta:* 556-605 México.

Melo, Jorge Orlando.
1987. "Las visicitudes del modelo liberal (1850-1899)" En Ocampo, José Antonio (Editor). *Historia económica de Colombia:* 119-172 Bogotá.

Moncada, José
1978. "Las perspectivas de evolución del Ecuador hacia fines del presente siglo". En VV.AA. *Ecuador hoy:* 91-133 Bogotá.

Muñoz Vicuña, Elías y
Vicuña Izquierdo, Leonardo.
1984 "Historia del movimiento obrero del Ecuador" En Pablo Gónzalez Casanova (Coordinador), *Historia del movimiento obrero en América Latina* (Tomo 3: Colombia, Venezuela, Ecuador, Perú, Bolivia, Paraguay), México.

Ocampo, Jose Antonio;
Bernal, Joaquín; Avella, Mauricio y
Errázuriz, María.
"La consolidación del capitalismo moderno (1945-1986)". En Ocampo,José Antonio (editor), *Historia económica de Colombia:* 243-334 Bogotá.

Ortis Crespo, Gonzalo.
1987. "Ecuador: semillas de inconstitucionalidad" Rev. *Nueva sociedad* , Nº 92:25-31 Caracas.

Pease, Henry.
1979. *El ocaso de la oligarquía.* Buenos Aires.

Petras, James F.
1986. *Clases, Estado y Poder en el Tercer Mundo, Casos de conflictos de clases en América Latina.* México.

Quijano Obregón, Aníbal.
1977. "El Perú en la crisis de los años treinta". En op. col, (Coordinador Pablo González Casanova), *América Latina en los años treinta:* 239-302 México.

Rama, Carlos M.
1976. *Historia del Movimiento Obrero y Social Latinoamericano Contemporáneo.* Barcelona.

Ribeiro, Darcy.
1982. *El dilema de América Latina. Estructuras del poder y fuerzas insurgentes.* México.

Rivera Cusicanqui, Silvia.
1983. "Luchas campesinas contemporáneas en Bolivia: el movimiento "Katarista", 1970-1980. En op. col. René Zavaleta Mercado (Comp.). *Bolivia Hoy:* 129-168 México.

Rojas Arabena, Francisco.
1982. *América Latina: etnodesarrollo y etnocidio.* San José. Costa Rica.

Salcedo, José María.
1984. "El Perú informal", Rev. *Que Hacer,* nº 31: 74-98. Lima.

Solari, Aldo E.
1967. "Educación y desarrollo de las élites" En Lisept, S.M. y Solari A.E. (Comp.) *Élites y desarrollo en América:* 352-383. Buenos Aires.

Urquidi, Arturo.
1966. *El feudalismo en América Latina y la reforma Agraria en Bolivia.* Cochabamba.